THE LIFE OF
SAINT JOHN THE ALMSGIVER

Anglo-Norman Text Society
No. XXXVIII
(for 1980)

Ne pour ja suffrir a nul feor·
La turmente qil out el queor·
As piez le seint hume chai·
Cum cil ki mlt fud eslai·
E dist lui· Sire sui aprestez·
A qunque uus me amandetez·
Cu uostre serf uus su tut prest·
E u de faire ceo que uus plest·
De cele uie tant se ameudat·
Que a sun enemi se acordat·
A mur lui tint· ben lui guardat·
Seint Johan el ne comandat·

Qo raueit seint Johan vt
Que qut il ueist hume orguilt
A lui memes rien ne en parlast·
Par quei de orguil le chastiast·
mes qut il fust priueement
E ueist celui qil fust present·
humilite dunc meist auant·
E mult en alast sermunant·
Cu de sei memes sout parler
E sei memes de orguil reter·
Q li orguillus se en retraisist·
Qut de sei dire tant le oist·
E preist de lui esperement·
Taut que il se portast humblemet
v est celui neist semblat ne en feist·
qel uant tut parlast e deist·
Mult me esmeruell mes chiers seruurs·
Que tant sui turne a reburs·
E tant uni a chertuuere·
Q ne pens de la humilite·

ANGLO-NORMAN TEXTS

THE LIFE OF
SAINT JOHN THE ALMSGIVER

Edited by
KENNETH URWIN

Volume I — Text

LONDON
Published and distributed by the
ANGLO-NORMAN TEXT SOCIETY
from Westfield College, London NW3 7ST
1980

Set in IBM Baskerville
and printed in Great Britain by
Express Litho Service (Oxford)
and bound by
Kemp Hall Bindery, Oxford.

To the memory of Alfred T. Baker

FOREWORD

The present edition of the *Life of St. John the Almsgiver* is based on the only known extant manuscript, Trinity College Cambridge MS R.3.46, foll. 1^v – 121^v, here printed by kind permission of the Master and Fellows of Trinity College. This volume contains only the text and rejected readings or scribal corrections to the manuscript. The second volume will contain the Introduction, Notes, Index of Proper Names, and Glossary. Readers may find it useful to have an indication of the method adopted in the transcription for some forms. Whenever *c'*, *d'*, *j'*, *k'*, *l'*, (article of personal pronoun), *m'*, *n'*, *qu'*, *s'* appears in the edition, the manuscript usually has the form in full, eg. *ceo*, *de*, *jeo* etc., and the manuscript form does not appear among the rejected readings, except for *ki* used as if *ke* in elision. The full form is used where the word has syllabic value (or is dealt with in the Notes) and, except for *ceo* and *ki*, appears with a diaeresis before a vowel. An obvious exception to the above is a letter such as the enclitic *l* in *nel* followed by a vowel; it has been separated from the *ne* and transcribed as *l'*, and in such cases a manuscript reading *le* in full is not implied.

THE LIFE OF SAINT JOHN THE ALMSGIVER

Li siecle veit mult en declin;
D'ure en autre tent a sa fin.
De l'amender n'ad nul semblant;
4   De jur en jur veit enpeirant.
Mult est li mund de bien esquis;
Si ui est mal, demein iert pis.
Tel ad esté e tel serrat
8   Tresqu'a l'ure qu'il finerat.
Trestut le mund gist en pechié;
Cum plus durrat, plus iert chargié.
N'est hume nul tant dreiturier
12   Ki s'en peusse justifïer
Que de merci grant mestier n'eit
Tant cum il en cest siecle seit.
Par tant que tuz sumes pechurs,
16   E mestier avum de sucurs,
Mestier nus est que ceo façum
Dunt el busuing sucurs eium.
Li siecle ne l'ad pas en sei
20   De suffrir ore feim e sei,
Ne de juner ne de veiller,
Ne de langë u heire user,
Ne d'estre en granz afflictïuns,
24   Ne de faire mult ureisuns,
Ne de suffrir les granz duresces,
Ne les travailz ne les destresces,
Ne de si grant penance faire
28   Cum firent nostre ancïen pere,
Ki tant pur Deu jadis suffrirent
Quant tut le mund pur lui guerpirent,
Par quei il unt el ciel grant gloire,
                                               1ᵛ
32   E sunt en terre en grant memoire.
Mes nepurquant, tut issi seit

13 *initial* g *of* grant *obscured*   14 n *of* en *slightly obscured*

5

      Que cest siecle ore en sei në eit
      Que faire peust l'um si grant bien
36   Cum ja firent li ancïen,
      Nostre entente mettre devum
      De tant faire cum nus poüm.
        Mult est almodne grant vertu,
40   Dunt a pechur poet venir pru,
      Kar ki en pechié chaet serrat
      Par almodne pardun avrat,
      Si purement pur Deu le feit
44   E de sun pechié se retreit.
      Tele est almodne e tant ateint
      Que, si cume ewe feu esteint,
      Si esteint almodne pechié
48   Si feite seit en charité.
      D'almodne surt duble profit,
      Kar ki en feit grant u petit,
      Suluing ceo que Deu lui preste eise,
52   Mult lui vaudrat a lunge teise,
      Ke Deu sun bien lui cresterat,
      Tant qu'en cest siecle habunderat;
      E quant d'ici s'en partirat
56   En l'autre siecle truverat
      Od Deu tel plenté de tut bien
      Que n'i avrat faute de rien.
        Pur faire cest mieuz a saveir,
60   Que l'um creie que ceo seit veir,
      D'un prud hume ki fud jadis
      En Alisandre de grant pris,
      Un essample vuil ci mustrer   2^r
64   A ces kil vuldrunt escuter.
      Patrïarche Johan out nun,
      Elimonas fud sun surnun;
      Elemonas sune en grezeis
68   Tant cum almodnier en franceis,
      Ke prud huem fud e almodnier:

45 tant] atant   47 Si] Issi   63 Un] En   66 Elimonas] *superscript* r
over mo *and* is *over* na   69 p. hume

Unkes hume ki eust mestier
De lui ne partit escundit
72   Que bien n'i preist grant u petit.
En Alisandre, u iert le sié
E le chief de l'arceveschié,
Arceveske jadis fud feit
76   Pur la seinté k'en lui esteit.
        Deu, ki m'ad duné le vuleir,
Me duinst la force e le pöeir
De mun purpos bien achever,
80   E que ceo peusse a pru turner;
E seint Johan sucurs m'en face
Par Deu prëer qu'il me duinst grace
De mun travail bien enplëer
84   Par sa vie bien rumancer.

        Cypre est une idle renumee,
Close de mer e bien poeplee,
Riche de burcs e de citez
88   E de forz chasteaus bien fermez.
Bone est la terre e bien plentive,
Quant l'um [la] guaine e bien cultive.
De Cypre esteit seint Johan nez,
92   Ki tant iert d'almodne alosez,
En Amathunte, une cité
U mult iert de sun parenté.
Cumencement de vertu prist   2ᵛ
96   En ceo qu'unkes serment ne fist;
Bien nepurquant le pout l'um creire
De quanqu'il dist senz serment faire,
Kar ses paroles senz jurer
100   Soleit tuz tens bien averer.
Sa femme espuse el siecle aveit
Cum hume ki del siecle esteit.
Mult lëalment a lui se tint,
104   Mes ne sai puis qu'ele devint;

76 ki en 85 *Large cap.* C *over three line-starts* 91 Johan] h *in-serted above line, with caret* 92 Ki de a. t.i. a. 93 Amathunta

De sa femme quele iert la fin
Ne truis en rumanz n'en latin.
Tut ensement ne truis escrit
108 Qu'il unkes chanjast sun habit
Tant que chanuinne u muine fust,
Ne qu'il fud clers ki puint d'ordre eust,
Ne qu'il fust en religïun
112 N'aillurs, si tut el siecle nun.
La nepurquant tant bel se tint
Que puint de mal de lui ne vint,
Ne rien ki turnast a escandre,
116 Dunt tel los out en Alisandre
Que tut li poeple e li clergié
L'esleurent a l'archeveschié.
Pur les granz biens qu'il en lui virent
120 A cel onur lui sul choisirent.
Par Deu firent l'electïun,
Par Deu furent[il] tuz a un.

Quant mené fud a tant l'afaire
124 Que ne s'en pout l'eslit retraire,
Ses despensiers tuz venir fist
Devant le tronë u il sist,
E celui fist od eus mander   *3ʳ*
128 Sur ki la peis iert a garder.
Puis dist en oiance de tuz
Quant devant lui furent venuz:
'Freres,' ceo dist, 'n'est mie dreit
132 Que cure avantmein prise seit
D'autre chose que de celui
Ki pur nus reindre mort suffri;
De Jesu Crist penser devum,
136 Avant qu'autre chose façum.'
Tut li poeple fud esbaï
De ceo qu'il di[s]t quant l'out oï.
Trestuz se teurent ki la ierent,

124 li e.   134 mort reindre *with proper order shown by superscript* b
and a

140   E que plus deist tuz escuterent.
        A tant reparlat li eslit
        Quant tut le poeple esbaï vit:
        'Par la cité,' ceo dist, 'alez,
144   E tuz mes seignurs me querez;
        Enbrevez tuz: neis un n'i eit
        Ki enbrevé chaudpas ne seit.'
        Des despensiers neis un ne sout
148   Que c'iert que l'eslit dire vout,
        Mes de lui meismes demanderent
        Qu'il deist les quels ses seignurs ierent.
        'Ki povres sunt,' dist dunc l'eslit,
152   E mendïant a vostre dit,
        De ces di jeo qu'il sunt seignurs,
        E poënt faire grant sucurs.
        Le regne Deu poënt duner,
156   E la nus poënt faire aver
        La vie e la joie celestre,
        U feit bon e delitable estre.'
        Li despensier hastivement   *3ᵛ*
160   Tut firent sun cumandement.
        Povres quistrent par la cité,
        Dunt il truverent grant plenté,
        Kar tresqu'a set mile munterent
164   La povre gent qu'il la truverent.
        Trestuz les mistrent en escrit,
        Puis le mustrerent a l'eslit.
        Quant li prudhuem out entendu
168   Quel li numbres des povres fu,
        Sun seneschal venir i fist,
        Ki de sun ostel guarde prist,
        Si lui cumandat estreitement
172   La guarde de la povre gent;
        Bien se purveist e bien guardast
        Que lur estuveir lur truvast.
        Il out en guarde sun aveir;
176   De ceo lur queist lur estuveir.

148 & 151 li e.   164 la *inserted above the line;* truverunt

Mult out ci bel cumencement
De bon prelat vers povre gent.
Quant li seinz huem cumandé out
180 De povres genz ceo que lui plout,
Lores s'esmut cum bon prelat,
Senz simonie e senz achat;
Tut li poeple lui vint entur
184 Cum öeilles entur pastur,
Od les eveskes de la terre
Ki vindrent pur le sacre faire.
Od eus s'en alat vers l'eglise
188 U l'um deut faire le servise.
Tut sulung Deu fud einz esleu,
E sulung Deu dunc sacré fu.
Mult fud grant la solemnité   *4ʳ*
192 Ki fud le jur par la cité.

Le jur del sacre avant passat.
Le matin vint, lores mandat
Li prudhuem tuz ses seneschaus,
196 Tuz ses pruvoz e ses bedeaus,
Ki de la cité guardeins furent
E meintenir dreiture i deurent.
Trestuz i vindrent senz targier
200 Ki baillie eurent u mestier.
Dunc fist li prudhuem une asise,
Ki en escrit fud chaudpas mise,
Que mes nuls huem tant os ne fust
204 Ne si hardi que faus peis eust,
Ne mesure si dreite nun;
Mult bien s'en guardast mes chescun;
Bien en preissent li bailli cure
208 Que tut un peis e une mesure
Par le païs feissent crïer;
Dreit fust le mui, dreit le sestier.
Ceste assise fud enchartree,

208 e *inserted above the line, with dot to mark omission*   209 d̦r̦e crier
210 Dreit le s.

212 Pur mustrance par la cuntree;
    La chartre fud pur suvent lire
    Bien ditee de tel maniere:
        'Johan, humble e petit servant
216 As serf[s] Jesu Crist le puissant,
    Salue trestuz ses tenanz
    E quanqu'a lui sunt entendanz,
    Suz Jesu Crist nostre seignur
220 Ki est li suverein pastur.
    Seint Pol, li noble apostle, dist,
    Sicum Deus en buche lui mist,
    E mustrat qu'a subjet apent   *4v*
224 E qu'a bon prelat ensement:
    "Subjez," ceo dist, "obeïsez
    A voz prelaz, sis onurez,
    Kar il veillent pur reisun rendre
228 De voz aumes al luier prendre."
    Quel que jeo seie, bien espeir
    Que vus mettrez vostre pöeir
    De faire ceo que jeo vus di,
232 Kar de bien faire n'ad nul ni.
    De cunseil d'hume pris ne l'ai
    Mes de part Deu le vus dirrai.
    Ceo nus dit divine Escripture
236 Ke mult het Deu duble mesure,
    Une greinnur e autre mendre,
    Pur achater e pur revendre;
    E duble peis e duble mui
240 Tut turne a mal, tut turne a ennui.
    Pur ceo vus pri en charité,
    Que qu'en ariere i eit esté,
    Que mes des ore vus guardez
244 Tant que tel chose mes n'eiez,
    Ke, ki tant os u hardi seit
    Ki mes tel chose tienge u eit
    Puis l'ure qu'il avrat oï

220 li *inserted above the line*   235 dişt   237 meındre
242 i] eit *with e and t erased*

248 Ceo que nus avum establi
    E cunfermé par cest escrit,
    Ja mes n'i avrat cuntredit
    Que tut sun aveir pris ne seit
252 A force, e quel talent qu'il eit,
    E duné tut a povre gent,
    Ja tant n'i eit de maltalent.
    Ja pru n'almodne n'en avrat   5ʳ
256 De quanqu'issi duné serrat.
    Que d'un que d'el iert fors parti.
    Guard sei chescun n'avienge issi.'

    Feit fud entendre a cest seignur
260 Par aukun ki vout sun onur
    Que li guardein de seinte Eglise
    Ne tindrent pas dreite justise
    Mes, pur presenz e pur luiers,
264 Leisserent d'estre dreituriers;
    E, pur les luiers qu'il perneient,
    A nunchaler granment metteient
    Les mestiers u il ierent mis:
268 C'iert a succurre les cheitis
    Ki furent en cheitiveisun
    E mestier eurent de raançun.
    Par ceo qu'il pristrent privez duns,
272 En meseise leisserent uns
    E as autres sucurs feseient
    Pur qui les luiers pris aveient.
    Li seinz hume ne tarjat mie
276 Quant il oï la trecherie,
    Mes chaudpas fist tuz ces mander
    Ki serveient de tel mestier;
    E quant il furent tuz venuz
280 Ne lur fist semblant de curuz,
    Ne vilainie ne lur dist,
    Dunt neis un sul el vis ruvist,

255 en *is added near the margin*   262 justiᶜᵉ   266 metteieient
270 eureᵢnt   272 meiseise   275 hume] huem   282 s. le v.

Mes lur soudees lur acreut
284   Avant que chescun eïnz en out.
Puis estrussat e mist s'assise
Pur tenir reddur de justise,
Que mes nuls d'eus ki eust mestier   *5ᵛ*
288   Ne preist dun, present ne luier;
'Kar ki,' ceo dist, 'luier prendrat
Sa meisun tute arse serrat.
De meintenant iert li feu mis
292   Si a dun prendre est mes nul pris.'
Des cele ure se chastïerent
E de duns prendre se guarderent;
E Damnedeu lur aveir creut
296   Tant que chescun d'eus asez out.
Asquanz d'eus out ki releisserent
Les soudees dunt acreu ierent,
E asez paé se teneient
300   Des soudees qu'il einz aveient.

    Acuinté fud une autre fie
De surfeit e de vilainie,
Ki feit esteit a povre gent
304   Ki l'um demenat malement.
Pleindre del surfeit se vuleient
Mes devant lui venir n'oseient
Pur poür de ses chanceliers
308   E de ses autres menestriers,
Ki ne suffrirent qu'il venissent
E de l'ultrage pleinte feissent.
Lores purpensat qu'il en freit,
312   E cunseillié tost en esteit,
Kar il fist chescun mecresdi,
Tut ausi chescun vendresdi,
Mettre sele pur sëer sure
316   En tel lieu u tuz peussent curre.
Il s'asëeit devant l'eglise,

284 chescun] chechū *corrected in margin*   286 reddur *repeated in bottom margin*   315 M. vne sele

Kar la lui fud la seele mise
E d'ambes parz un eschamel   6^r
320   A sëer sure a eise bel.
Iloec sëeit, iloec parlout
A ki qu'a lui la venir vout.
Quant nobles genz i surveneient
324   Sur les eschameaus s'asëeient;
Tant cum il furent od lui la
A eus entendi e parla;
E quant autre hume n'i vint nul
328   Ki s'aseist od lui fors lui sul,
L'euvangeilë en meins perneit;
Laenz esguardat e laenz liseit.
De tuz les suens ne vout suffrir
332   Que nuls a lui peust la venir,
Fors un tut sul des defensurs
Dunt en l'eglise ierent plusurs.
De tels i out asez jadis;
336   Bien crei qu'ore seient remis
U, sï il sunt, nus nel savum
Ki d'Alisandre lung manum,
Kar ne sout pas estrë en us
340   Mestier de defensur od nus.
Chescun païs ad sun usage,
E chescun païs sun language,
E sulung ceo se portent humes
344   Qu'en lur cuntrees unt custumes.
En Alisandre out defensurs;
Bien poet estre qu'ausi aillurs.
Leissum ceo que nus [n]e savum:
348   A nostre reisun nus tenum.
Un des defensurs pres esteit,
Tant cum seint Johan sul sëeit.
Venir i pout seürement   6^v
352   Chescun, fors les suens senglement.
Chesun ki vousist la venist
E sa busuinne tost i feist,

347 nus [n]e n̄e

Kar quant la gent a lui veneient
356 E lur busuinne lui mustreient,
Chaudpas cumandat lur busuinne
Que feite fud senz tute essuinne.
Tut cumandat que dreit fust feit,
360 Sulung l'afaire qu'il öeit.
Il sout granment de sun afaire
Par les defensurs a chief traire;
Ne vuleit pas tenir lung plai,
364 Ne traire choses par delai,
Mes quant il charjast a aucun
Des suens busuinne, que par nun
Tut [a] estrus faire la deust,
368 Guardast ne manjast e ne beust,
Si cher cum il sun seignur eust,
Einz que l'afaire feite fust,
U qu'ele fust si ordenee
372 Que tost peust estrë achevee.
E la reisun bien en rendeit,
Oiant les suens, que ceo deveit
Que les busuinnes tant hastout,
376 E que delaer nul ne vout.
    'Si nus,' ceo dist, 'ki charnels humes
En ceste vie mortel sumes,
Avum le cungié, tant suvent
380 Cum nus en vendrat le talent,
De Deu requerre e Deu prëer
E d'en la meisun Deu entrer
Pur faire noz peticïuns,   7ʳ
384 E grant entente a ceo metuns,
Que Deu ki tute creature
Ad feite prenge de nus cure,
E tant vers nus entendre deinne
388 Qu'oïr vuille nostre busuinne,
E requerrum qu'il par sa grace
Noz busuinnes en haste face,

377 dist *inserted above line, with dot to mark omission*
387 entendre nus *with double accents to mark inversion*

N'est ceo bien dunc reisun e dreit
392   Que chescun bien purveu se seit
        De sun proesme bien avancer,
        En chose dunt il ad mestier,
        E sa busuinne tant haster
396   Que ne l'estoesce demurer?
        Suffrir les devum de venir
        E ceo qu'il dirrunt tut oïr.
        Oïr les devum a grant joie,
400   Si nus vulum que Deu nus oie,
        Kar Deus estrussé le nus ad
        Que mesuré tut nus serrat
        Par la mesure dunt nus meimes
404   Alum mesurant a noz proesmes;
        Par meimes tut receverum
        Sicum a autres mesurrum.'
            Un jur avint a cest seint hume
408   Qu'asis s'esteit a sa custume.
        Lunges i sist e attendi
        Pres tresque tant qu'il iert midi.
        Hume n'i vint ki pleinte feist
412   Ne ki de chose le requeist.
        Lunges i sist, lunges s'i tint,
        Mes a cel jur neis un n'i vint.
        Ja passat mult le jur avant,
416   E il s'en levat tut plurant.
        Murne s'en parti e dolent.
        Ceo virent plusurs de sa gent,
        Mes ne l'oserent demander
420   Que ceo deveit d'issi plurer.
        Sofronïus, un sun ami,
        Ki mult fud prud huem, vint a lui
        E demandat que ceo deveit
424   Qu'il iert dolenz e si plureit.
        'Mult s'est,' ceo dist, 'esmerveillee
        De vostre semblant la meidnee.
        Mult sunt dolenz, mult sunt esmeu

7ᵛ

424 si] issi

428 Pur le desheit qu'en vus unt veu.
  Trestuz en sumes mult trublez,
  Ki ne savum que vus avez.'
  Dunc respundi li Deu amis
432 A ceo dunt iert a reisun mis;
  L'acheisun de sun marrement
  Tute cuneut mult humblement:
   'Humble Johan,' ceo lui ad dit,
436 'N'ad de cest jur puint de profit;
  Le pru ai perdu de cest jur
  E tut le luier; pur ceo plur.
  Nuls huem n'est ui a mei venu
440 A ki jeo feisse puint de pru,
  Dunt Damnedeu luier me rende;
  N'ai feit a Deu ui puint d'offrende
  Pur mes pechiez dunt chargié sui;
444 Par tant ai perdu le jur d'ui.
  Ceo ne me sout mes avenir;
  Par tant n'en puis de plur tenir.'
  [S]ofronïus sage hume esteit,   8^r
448 Ki l'acheisun tute entendeit
  Pur quei li seinz huem fud dolent,
  E respundi mult sagement,
  Issi cum Deus en queor lui mist:
452 'Mult devez Deu loër,' ceo dist,
  'E al jur d'ui estre joius;
  Unkes joïr ne deustes plus.
  Bien pert qu'estes mult boneuré
456 Quant Deu vus ad tant honuré
  E tant reguardé qu'a cest jur
  N'ad nuls vers autre fors amur.
  Voz öeilles avez guardees
460 E entre sei si apeisees
  Que n'ad entre eus puint de tençun,
  Ne rien el si tute pais nun.
  Vus avez feit cum bon prelat,

---

438 e pur c. p. 445 me] mes 447 *capital overlooked by rubricator*
454 ne *struck out before* ioir 456 honoré] *initial* h *added above line*

464 Kar par vus sunt tuz senz barat
     Ki en subjectïun vus sunt:
     Humes funt ja ceo qu'angeles funt,
     Ki senz plai e senz jugement
468 Tuz tens vivent peisiblement.
     Cest avez feit, c'est avenu
     En vostre tens, que mes ne fu.'
          Al patrïarche asez bien plout
472 Ceo ke Sofronïus dit out,
     E quant la reisun entendi
     Sus vers le ciel ses uilz tendi,
     E Damnedeu mult mercïat
476 De ceo qu'issi le reguardat.
     'Deu, gracïé sëez,' ceo ad dit,
     'Ki levé m'avez de petit
     Senz ma deserte, e nepurquant   8ᵛ
480 Apelé m'avez tant avant
     Qu'en ordre sui de pruverage,
     Senz ceo que seie digne u sage.
     Apelé sui d'estre pastur,
484 Ki nunsavant sui e pechur.
     Pur voz öeilles sui feit prestre;
     Vus les m'avez baillé pur pestre.
     Eles entendent bien reisun,
488 E j'ai de pastur sul le nun.'
          En meillur heit atant entrat,
     E sun plurer trestut leissat.
     Grant joie el queor ja recu[i]lleit,
492 Mes humblement s'en deduieit.
          Asquanz dïent qu'aprés ses jurs
     Fud pris essample de ses murs,
     Kar Costentin, ki emperere
496 Fud aprés Heracle sun pere,
     Tut aussi fist quant il oï
     Que seint Johan l'out feit issi.
     Del bien qu'out feit, essample prist
500 E fist le bien que cil einz fist.
     Ne voil leisser de cest retraire
     Quant truvé l'ai en essamplaire.

La gent de Perse est deputeire,
504 Purverse, e preste pur mal faire.
Al tens que cist seint Johan fu
Eurent li Persant mult curu
E mult robbé en la cuntree
508 Ki Sirïa est apele[e].
D'iloec fuï qui pout fuïr;
Aillurs alat pur mieuz guarir.
A seint Johan vindrent plusurs;   9ʳ
512 Refui i quistrent e sucurs.
A lui veneient cum a port,
E cum eschapé de la mort.
Il requistrent qu'il les receust
516 E que pur Deu d'eus merci eust.
Il les receut [e] bien e bel,
E fist a tuz aver ostel.
D'eus cunforter s'iert entremis
520 Cum freres, nïent cum cheitis.
Les malades, les meseisez,
E ces qui vindrent la navrez,
En ospitaus fi[s]t bel cuchier,
524 E bien les feseit la guarder.
Mult les i feseit bel servir,
E peine mettre d'eus guarir,
E, quel ure qu'il guariz furent,
528 Tut franchement partir s'en porrent
Pur aler quel part que lur pleust,
Senz travail soudre u puint del cust.
As autres, ki seins de cors furent
532 E ki sei meimes aider pourent,
Feseit il bien, n'i faillit un
Quant vint a la departisun.
La curut dunc une munee
536 Ki siliqua fud apelee;
Ne sai de quel metal esteit,
Mes en cel païs dunc cureit;
Ne sai si peisat poi u grant;

515 Il] *a small* i *after the capital has been partly erased*   531 Aạs

540 Siliqua out nun, n'en sai avant.
    Seint Johan fist sa partisun
    De tel munee — as madles un,
    As femmes dous duner feseit,   *9ᵛ*
544 Kar a plus fiebles les teneit.
      A cele ure furent venuz
    A s'almodne genz bien vestuz,
    Ki par semblant mananz esteient,
548 Kar dras a or batu aveient.
    Jeo crei que de cheitiveté
    Des Persanz furent e[s]chapé.
    Cil qui l'almodne departirent
552 Entre les povres les choisirent.
    Le patrïarche en acuinterent;
    Bien, si devient, faire quiderent.
    Pur ceo lui firent d'eus entendre
556 Qu'il les feist partir senz rien prendre.
    Al mien escient, lur iert avis
    Qu'il n'ierent povres ne cheitis.
    Quant li seinz huem aveit oï
560 Tant que lur cunseil entendi,
    Sun semblant chanjat e sa chiere,
    Tut eust il mult bone maniere;
    La culur müat de sun veut,
564 Tut fust il deboneire mult.
    Mult de laid uil les reguardat,
    E durement vers eus parlat:
      'Si vus vulez servir,' ceo dist,
568 'Humble Johan, mes Jesu Crist,
    E si tant amez voz mestiers
    Qu'estre vulez ses despensiers,
    Guardez d'estre obeïsant
572 E prest de faire sun cumand.
    Cel precept guardez senz vezdie:
    "Dunez a chescun ki vus prie."
    Si pur cerchier venez a nus,   *10ʳ*
576 E vulez estre curïus,

542 As madles   573 vedzie

Deu n'humble Johan n'unt que faire
De tels serjanz oïr ne creire.
De curïus serjant aver
580 Deu n'humble Johan n'unt mestier.
Si tut ceo fust mien proprement
Que l'um departe a povre gent,
E né fud tut od mei e creu
584 Quanque la povre gent unt eu,
Bien, si devient, tenant serreie
De la chose ki serreit meie;
Mes quant la chose est a Deu tute,
588 Sun cumand faire estoet senz dute.
Il veut que sun cumandement
Seit guardé mult estreitement.
Si vostre fei veit estresçante
592 Tant qu'ele voise defaillante,
E dutez que plus povre gent
Nus vienge sure que n'estent
L'aveir que Deus nus feit venir
596 Pur la povre gent sustenir,
Sacez que vostre fieble fei
N'avrat jameis cumune od mei,
Ne jeo cumune od lui n'avrai,
600 Neis od mei ne la sufferai.
Ke, si ceo vient del pleisir Deu
Que mettre me vout en sun lieu,
E veut que sun despensier seie,
604 Tut deservi vers lui ne l'aie
E del mestier ne seie digne,
Kar ne sui hume k'i ateinne,
E nepurquant veut que j'entende   *10ᵛ*
608 A ses duns prendre e les despende —
Quant issi est, si tant espandre
Se peust la cité d'Alisandre
Que tut le mund ensenble i fust
612 Pur almodne, dunt mestier eust,
Pur ceo ne serreit estrecié

608 despendre

Le tresor Deu, n'amenusé,
Ne seinte Eglise en sun endreit
616 De sa fuisun rien ne perdreit.'
    Quant seint Johan aveit dit tant
Cum reisun iert e avenant,
E li serjant furent alé
620 Ki ja furent bien bastuné
Pur la fieblesce de lur fei,
Dunt mult furent huntus en sei,
Lores parlat li Deu amis
624 A ces ki furent la remis,
E a merveille grant teneient
Ceo que de lui oï aveient.
La merveille iert de ceo par nun
628 Qu'il fud de tel cumpassïun.
    'Quant jeo,' ceo dist, 'fui de quinze anz
E fui uncore dunc mananz
En Cypre, asez joefne vadlet
632 De tel estat cum vadlet poet,
A une nuit en mun lit jui,
E quant süef endormi fui,
Une pucele vi, m'iert vis,
636 Ki mult out cler e bel le vis,
Kar sa beauté me semblat tele
Cum soleil luisant, u plus bele.
Ne peust hume dire cument   *11^r*
640 Ne quel fud sun atifement.
Neis queor d'hume ne pensereit
De cum bel aturnt ele esteit.
Une curune al chief aveit;
644 De reim d'olive feite esteit.
El' se treist la u el' me vit,
Si s'arestut devant mun lit,
E puis me ferit al costé,
648 Par quei jeo fui tost esveillé.

614 amenusee   634 en dormi *with thin connecting stroke*
635-8 *lines interverted with proper order shown by letters in the margin*
637 tele] *so the marginal note; original probably* bele *with top stroke
erased*   645 *a* v *before* la *has been partly erased;* Ele . . . ele

Lores l'avisai en veillant
Veraiement iloec estant.
Jeo n'en soi el que ceo estre peust,
652   Mes pensai que ceo femme fust.
Ma mein destre lores levai
E de la cruiz bien me seinnai.
Aprés lui dis: "Ki estes vus?
656   E ki vus fist entrer a l'us?
Cument osastes ci venir
Sur mei tant cum jeo jui dormir?"
Ele en surist un poi sur mei
660   E dist: "Jeo sui fidle le rei.
De ses fidles sui la premiere."
Ceo me dist mult a bele chiere.
Jeo l'aürai quant ceo oï,
664   Dunt el' chaudpas me respundi,
"De mei amer ne dutez mie.
Si vus me pernez a amie,
Devant l'emperur vus merrai
668   Vers ki jeo mult grant pöeir ai.
De tel poesté n'est nul vers lui
Cum j'ai esté e uncor sui,
Kar devenir hume le fis   *11*ᵛ
672   E tant suffrir qu'a mort fud mis.
En terre vint humes sauver:
Tant l'ai jeo feit humilïer."
    Quant tant out dit, si desparut.
676   Jeo remis sul e pensai mult.
Quant en mei meismes reverti,
La visïun bien entendi
E, sulung ceo que j'en pensoue,
680   A mei meismes issi parloue:
"Crëez que c'est Misericorde
U Cumpassïun, dunt acorde
La reisun bien, si se cundune,
684   Que d'olive porte curune.

664 D. ele   670 ai *inserted in bottom margin, with dot to mark omission;* uncore   682 Dunt C.

Tut issi est en verité.
Mult vint de grant benignité,
E de cumpassïun vint tut,
688   Que Damnedeu vers humes out,
Que pur humes hume devint,
E pur lur vie a mort s'en vint."
Quant j'aveie parlé issi,
692   Chaudpas levai, si m'en issi.
Neis un de l'ostel n'esveillai
Mes vers l'eglise m'en alai.
Passee fud la nuit avant
696   E ja esteit a l'enjurnant.
Entreveies sicum j'alai
Un povre frere nu truvai
Ki fud de freit mult traveillié
700   E mei en prist mult grant pitié.
Ma cote ostai, si lui dunai,
E dis en mei: "Par cest savrai
Si de Deu vint l'avisïun,   *12ʳ*
704   E si ele est veraie u nun,
Que de deable ne seit venue
L'avisïun qu'anuit ai veue."
Testimoine de verité,
708   Tant ne me poi estre hasté
Qu'a l'eglise fusse venuz,
Quant uns huem vint, blancs dras vestuz,
Tut sudëement m'encuntrat
712   E cent deniers avant sachat,
Ki ensemble furent nüez,
Sis me tendi tut enbursez.
"Bel frere," ceo dist, "ces pernez;
716   Despendez la u vus vulez."
J'en fui mult joius, sis reçui,
Puis me purpensai, si arestui,
E pensai que n'iert pas mestier
720   De retenir neis un denier.
Lores me turnai envirun

714 me] mes   715 cest p.   720 dener *with* denier *in the margin*

Pur celui ki m'out feit le dun.
Rendre vuleie ses deniers,
724   Ausi lïez, ausi entiers
Cum il les out a mei baillez,
Quant jeo ne fui enbusuinnez.
Asez guardai, asez le quis,
728   Mes nel poi truver. Lores dis:
"J'entend e sai veraiement
Que fantosme ne fud ceo nient.
Veraie fud l'avisïun;
732   N'i aveit puint d'illusïun."
Des cele ure suvent dunai
Quant meseisié frere truvai,
Sulung ceo que jeo en eise esteie,   *12ᵛ*
736   E en mei meismes en diseie:
"Jeo verrai si Deu me durrat
Cent duble, sicum pramis l'ad."
J'espruvai Deu, dunt mult mesfis;
740   Rendu m'ad mult e mult ai pris.
Feit m'ad en diverse maniere
Mult plus que jeo ne sace dire.
La grant folie que j'en fis
744   Entendi puis, par quei en dis:
"Aume cheitive, cest leissez,
E de Deu tempter mes cessez."
Pur ceo que m'aume est acertee
748   Des duns Deu dunt est reguardee,
Ça, se devient, ui venuz sunt
Cil ki fei fieble e quer povre unt,
Pur mei faire chaïr od sei
752   Par mettre mei en fieble fei.
Traire me voudrent en lur errur
U il sunt meime u en peiür.'

       Mult aveit poeple en la cité
756   Ki fuï la cheitiveté
E la dulur e la grant ire

---

736 en diseie *repeated in the margin*

Que li Persant firent en Syre,
A ki li seinz huem tant bien fist
760   Pur la pitié que lui en prist.
Quant uns huem vint — estrange fu,
Ne truis pas dunt il fust venu.
Cil vit la grant cumpassïun
764   Dunt seint Johan out si grant nun.
Asaer vout si ceo fud veir;
Pruver le vout pur mieuz saveir.
Il prist vieuz dras, si s'en vesti;   *13ʳ*
768   Mult se deguisat, mult cuvri.
Li prud huem soleit visiter
Les meseisez, e cunforter.
As hospitaus feseit ses turns
772   Dous feiz u treis dedenz uit jurs;
Issi le feseit li prud hume
Chescune uitaine par custume.
Cil ki se fud si deguisé
776   E parut povre e meseisié
Enmi la veie s'arestut
Par unt li seinz huem passer deut
Quant, sicum il fud custumier,
780   Les malades vint visiter.
El chemin le vint encuntrant,
E mult feseit fieble semblant.
Esquis de bien vers lui se fist,
784   E de bien faire le requist.
'Merci,' ceo dist, 'de mei æiez,
Kar povre sui e meseisiez.'
Li seinz huem par sun aumodnier
788   De ses deniers lui fist baillier.
De sis deniers numëement
Le fist paer tut erraument.
Cil les receut, si s'en alat.
792   Ses dras chanjat, tost repeirat,
Tut deguisé d'autre maniere,
Que de vesture que de chiere.

775 si *inserted above the line*

Aukes esteit alé avant
796 Li seinz huem, quant cil vint curant
Devant ses piez, e la chaï,
Crïant: 'Æiez de mei merci.
Pensez pur Deu que mieuz me seit,   *13ᵛ*
800 Kar jeo sui mult en grant destreit.'
E li seinz huem recumandat
Celui qui s'almodne portat
Que sis deniers d'or lui dunast.
804 Ceo tint mult l'almodnier a guast,
Kar il s'esteit bien aparceu
Que cil meismes out des einz eu,
Mes nepurquant il lui dunat
808 Tant cum sun seignur cumandat.
A ceo que cil s'en fud alé
Ki ja dous feiz esteit paé,
Tut süef se treist l'aumodnier
812 Vers sun seignur, pur cu[n]seillier
E pur lui dire en priveté
Que cil i out dous feiz esté.
'Beal sire,' ceo dist, 'par la fei
816 Que jeo a voz ureisuns dei,
Cist huem est ci dous feiz venu,
E ja dous feiz ad del vostre eu.'
De ceo qu'il dist ne fist semblant
820 Li prud huem, mes alat avant.
Petit ne grant a ceo ne dist:
Semblant en fist cum ne l'oïst.
A chief de piece revint cil,
824 Deguisé cum ne fust pas il,
E cum des einz n'i eust esté,
Demandant de sa charité;
Mes ne se pout tant deguiser
828 Que ne l'enterçast l'aumodnier
Ki sun seignur en acuintat,
Par tant que süef le butat.

797 *after* piez *a substantial gap where* chai *was erased*   804 li a.
808 seignnur   815 d. cil p.

Dunc respundi li Deu ami,   *14ʳ*
832 A ki queor unkes ne failli,
Mes de duner out queor asez:
'Duze deniers tost lui dunez,
Que ceo ne seit par aventure
836 Jesu Crist ki ci me vient sure,
Pur mei asaer e pruver
Si puint de bien lui vuil duner.'

Un maruner iert perillié
840 E par la mer mult damagié.
Tut out perdu quanqu'il aveit;
Sule sa nef remise esteit.
Autre cunseil ne se saveit
844 De sa perte ki grieve esteit,
Fors qu'a seint Johan s'en alast,
Pur requerre qu'il l'en aidast.
Issi le fist; a lui alat;
848 Tut en plurant merci crïat,
Que tut ausi pitié l'en preist,
Sicum de tuz, e bien lui feist.
Quant li seinz huem le vit plurer
852 Cent livres d'or lui fist duner.
Cil a grant joie les receut;
En marchandise enpleiat tut.
Sa nes vuide lui fud remise;
856 Laenz fist traere la marchandise.
Quant il quidat bon tens aver,
Del port eissi e prist la mer.
Gueres esluinnié ne se fu
860 Del port dunt il s'en fud eissu,
Quant tempeste surst e levat,
Ki le destreinst e tant grevat
Que tut estut en mer geter   *14ᵛ*
864 Quanqu'en la nef iert, u nëer.
Tut de la nef fud geté fors;
N'i remist rien fors sul les cors

850 beien *with* bien *correctly in the margin*

De sei e de ses cumpainnuns;
868   Periz n'en fud d'eus tuz neis uns.
La nef ausi sauvee i fu,
Mes tut le chatel fud perdu.
Li marinier tut perdu out,
872   Mes nepurquant tant se fïout
De la duçur e la bunté
E de la bone volenté
Dunt li prud huem le los aveit
876   Ke vers lui le chemin prist dreit.
Quant a lui vint, dunc dist: 'Merci
Eiez de mei, pur Deu vus pri;
Sicum Deus out del mund merci,
880   E vus eiez de mei ausi.'
     Li seinz huem a ceo respundi:
'Crëez, frere, ceo que j'en di.
Si vus l'aveir de seinte Eglise
884   Eussez si mis en marchandise
Que de l'aveir rien n'i fust mis
Ki vus esteit des einz remis,
Ja ne vus fust puint venu sure
888   De cest[e] grant mesaventure,
Kar tut esteit de mal venu
Quanqu'en ariere av[ï]ez eu,
E pur l'aveir ki purchacié
892   Esteit a tort e a pechié
Peri ceo ki vint de leauté
Quant vus l'i eustes ajusté.'
Dis livres d'or dunc lui dunat,   *15ʳ*
896   E bien lui dist e cumandat
Que d'autre aveir puint n'i medlast,
Ki puis a perte lui turnast.
Cil s'en alat joius e fist
900   Issi cum li seinz huem lui dist.
Les dis livres qu'il lui dunat
En marchandisë alüat.
En mer se mist quant tens aveit;

877 v. Dunc d.   900 lui] dui *with loop of the* d *expuncted*

904   Bien quidat faire sun espleit.
        Un jur avint que tens chanjat;
        Vent e tempeste grant levat;
        L'oré la nef tant acuilli
908   Qu'engin e force tut failli:
        Ne se pout pas la nef tenir
        Que ne l'estut tute perir.
        La nef a terre esteit getee,
912   E tute en pieces desiree.
        De tut ne vint a sauveté
        Fors sul les humes ki geté
        Furent a terre e eschaperent,
916   Mes puint de l'aveir ne sauverent.
        Lores se vout li marinier
        De doel e d'anguisse tüer.
        Huni se tint e cunfundu
920   Que tantes feiz out tut perdu,
        Mes Damnedeu, ki bien purveit
        Qu'a salu d'hume turner deit,
        Al patrïarche fist saveir
924   Cument estut al marinier;
        Acuinté fuḍ par Deu de tut,
        Cument sun aveir perdu out.
        Lores lui mandat qu'il venist;   *15ᵛ*
928   N'en dutast rien; mal ne se feist.
        Cil vint, sun vis tut enpudré
        E ses dras vilment desiré.
        Quant li seinz huem venir le vit,
932   Si desiré e tant aflit,
        Del malveis semblant le reprist
        E chalenjat mult; puis lui dist:
        'De tute rien seit Deu beneit
936   E de vus merci des ore eit.
        J'en crei Deu que, ça en avant
        Tresque viengiez al murïant,
        Jamés ne serrez perilliez
940   En mer, ne d'aveir damagiez.

922 ḥ *after* salu   932 Si] Issi   937 Ieo crei en d.

La nef ki vus esteit remise
Trestute a tort eustes cunquise,
E pur le tort dunt fud venue
944   Trestute a net l'avez perdue.'
Dunc lui fist une nef livrer
E de frument tute charger.
La nef tant lunge e large esteit
948   Que bien vint mile muis teneit;
La nef esteit de seinte Eglise.
Li marinier l'ad en gré prise.
Cil la dunat ki bon queor out,
952   E l'autre a joie la receut.
Quant il esteit de tut saisi
Fors d'Alisandre s'en eissi.
Nef mist en mer, e sigle a vent,
956   Si s'en alat mult prosprement,
E cumtat puis quant il revint
Quele aventure lui avint.
    'Quant jeo,' ceo dist, 'd'ici m'esmui   *16ʳ*
960   E fors del port luing en mer fui,
Vint jurs e nuiz alai siglant,
A bel tens e vent bien portant,
Mes al veir dire jeo ne soi,
964   N'un sul de ces ki jeo od mei oi,
Vers quel cuntre[e] nus alames,
E nepurquant tuz tens siglames.
N'out nuls ki puint avëé fust
968   Par esteille qui aparust,
Ne par puint d'autre esperement
A ki l'um guarde en mer suvent.
Tant nepurquant out de retur,
972   Al dit de nostre guvernur,
Qu'il vit le patrïarche el tref
Sëant e guvernant la nef.
Le guvernail en puin teneit
976   E guverner la nef aid[eit].

948 mile *inserted above line, with caret*   965 alamus *with* e *in margin*
967 auee puint *with double accents to mark inversion*

Mult cunfortat le guvernur
E diseit lui: "N'eiez poür;
De vostre curs rien ne dutez;
980   Sëez seür, kar bien alez."
Issi siglant nus en alames
Tant qu'en Bretainnë arivames.
Illoec truvames terre a primes;
984   Aprés vint jurz a port venimes.
Iloec ancrames, e a terre
Iloec nus meimes pur enquerre,
Que del païs, que de la gent,
988   Si vente i avreit de frument.
Mult truvames dur le païs
Ke de vitaille iert mult e[s]quis.
Mult fud li poeple en grant destreit   *16^v*
992   Kar la famine grande esteit,
Mes, quant il furent acuinté
Que frument eumes la porté,
De grant maniere joius furent,
996   E ki einz einz i acururent.
De la cité vint la li maire;
A lui mustrames nostre afaire,
Que frument en nef avïum
1000   E que vendre le vulïum.
Quant il ceo sout, si respundi:
"Mult vus ad Deu bien mené ci.
Sur vus iert ore de choisir
1004   A quei vus vuldrez mieuz tenir,
U prendre esteim tut üelment
Pesé cuntre vostre frument,
U des deniers de cest païs
1008   Tant cum vus vuldrez mettre pris."
Quant issi fud qu'en chois mis fumes,
Tost nostre cunseil pris en eumes:
Pur la meitié preimes munee,
1012   Esteim pur l'autre üel pesee,
Dunt nus avint puis un afaire,

1005 velement

Mult merveillus e fort a creire
A gent qui creient fieblement
1016   E ne pernent entendement
Des biens que Deu dune e despent
A sun pleisir mult largement;
Mes a tuz ces iert bien creable,
1020   E mult a oïr delitable,
Ki unt espruvé sa vertu
E ses miracles entendu.
Quant de Bretainne departimes   *17^r*
1024   Vers Alisandre le curs preimes.
A grant joie siglant alames,
Mes nepurquant a port turnames
Pur reposir en un païs
1028   Ki est numé Pentapolis.
De mun esteim pris la pur vendre;
Saver i voil qu'en peusse prendre.
Un cumpainnun oi eu jadis,
1032   Riche marchant en cel païs.
Cel marchant dunc iloec truvai:
De mun esteim lui venetai
Cinquante livres amuntant;
1036   En un sacel en oi mis tant.
Nus en cuvint; cil s'en alat
E cel esteim od sei portat.
Fundre le vuleit pur pruver
1040   Si rien i avreit a purger,
Mes, quant esteim fundre quidat,
Fin argent e pur le truvat.
Il en fud ja mult esbaï
1044   Quant tant en vit e entendi.
E pensat que jeo, tut a escient,
Baillié lui eusse cel argent
En lieu d'esteim, pur lui pruver
1048   S'il me vousist leauté porter.
Il prist el sacel le metal,
Cum hume ki fud mult lëal;

1041 *lightly written* s *superscript in* quidast

A mei revint, sil reportat,
1052 E d'ultrage me chalenjat:
"Deu," ceo me dist, "le vus parduinst,
E mieuz vus face e mieuz vus duinst
Que vers mei n'avez deservi! *17ᵛ*
1056 N'avez pas feit cum bon ami.
Truvastes vus unkes en mei
Que jeo ne vus portasse fei,
U que vers vus trechierre feusse,
1060 U feisse rien que jeo ne deusse,
Que, pur mei pruver e ateindre
Si ma leauté vousisse enfreindre,
Pur esteim argent me livrastes,
1064 Par quei supprendre me quidastes?"
Mult m'espoentai quant j'oï tant,
Mes j'en respundi nepurquant:
"En dreite leauté le vus di,
1068 Que pur esteim le vus vendi,
E pur esteim le vus livrai,
E qu'el ceo seit qu'esteim ne sai;
E, que de ceo seür sëez,
1072 Tresqu'a ma nef od mei venez.
Vëez l'esteim ki m'est remis,
Kar cest e cel en un lieu pris;
Cest e l'autre trestut est un,
1076 Ke ceo n'est el si esteim nun.
Mes nepurquant si Jesu Crist,
Ki d'ewe vin es noesces fist,
Pur seint Johan tut ensement
1080 De cest esteim ad feit argent
Ne feit pas trop a merveillier;
Bien, si lui plest, le poet changier."
Pur faire que cil mieuz me creust
1084 E suspeçun de mei mes n'eust,
Jesqu'a ma nef venir le fis
E mun esteim avant lui mis,
Mes tut fu tel cum l'autre fu *18ʳ*

1063 P. a. e. me l.   1070 ceo el seit
1087 *first* fu] *an additional letter has been erased*

1088   Que li marchant aveit fundu;
                L'un e l'autre tut fu argent.
                Tels sunt [les] vertuz Deu suvent.'
                Cest miracle n'est pas estrange;
1092   Suvent sout Deus faire tel change.
                Tut ausi fist ja Jesu Crist
                Quant en cinc peins tel fuisun mist
                E par sa vertu tant les creut
1096   Que d'humes cinc milë en peut;
                E de la verge Moÿsi
                Fist en Egipte Deus ausi
                Quant il la müat en serpent,
1100   E l'ewe en sanc tut ensement;
                En Babiloine ausi avint
                Del brasier ki la fud esteint —
                La furneise fud esbrasee,
1104   Mes vent i vint cum de rusee,
                Par quei li trei ki laenz mis furent
                Neis en lur dras damage n'eurent.
                Ces miracles sunt merveillus,
1108   Nient quant a lui, mes quant a nus,
                Kar il les ad asez en us
                E cheschun jur feit asez plus.
                  Ki tutes riens ad feit de nient
1112   E tut guverne e tut sustient
                Asez pout plus legierement
                Esteim turner e faire argent.
                Ceste vertu fist Deu, ceo espeir,
1116   Pur seint Johan creistre en aveir;
                Par tant le vout Deus mieuz estendre
                Que sagement le sout despendre,
                E pur la perte restorer   *18ᵛ*
1120   E le damage al marinier.

                Par un dimeine iert avenu
                Que seint Johan s'esteit eissu

1104 de *inserted above the line*
1113 legierement] *the* i *is inserted above the line, with caret*

De sun ostel e vers l'eglise
1124   Par matin vint pur sun servise.
Entreveies vint cuntre lui
Uns povres hoem querant refui,
Ki jadis out esté manant
1128   E riches hoem de chatel grant,
Mes nuitante venuz esteient
Larruns ki robbé tut l'aveient.
Tut quanqu'il out fud issi pris
1132   Que sul l'estreim lui fud remis.
Demandé fud e mult enquis
De cel aveir, e ki l'out pris,
Mes rien në en pout estre seu
1136   Fors tant qu'a net fud tut perdu;
E cil ki chaet fud el damage
Venuz esteit de grant lignage.
En tel poverte iert cist ja mis
1140   Pur sun aveir que lui fud pris
Qu'a seint Johan l'estout venir,
Kar il ne sout unkes faillir.
Trestuz ses griés a lui mustrat,
1144   Sucurs requist, tost le truvat.
A seint Johan en prist pitié
E cumandat en priveté
En l'oraillë al trosorier,
1148   De ki mult se quidout fïer,
Que quinze livres d'or pesé
Dunast a l'hume meseisé.
Mes cil le fist trop laschement   *19ʳ*
1152   Quant sursist sun cumandement,
Kar quant vint a ses cumpainnuns,
Dunt li seneschaus esteit uns
E pruvoz l'autre, de ces dous
1156   Prist sun cunseil, e fist que fous.
Par grant envie kis supprist
E par deable ki s'entremist,

1133 enquis] requis *corrected*   1136 F. q. tant a n. f. tut p.
1143 griés] grief   1155 li a.

De quinze livres cinc livrerent
1160   Al meseisé, dis recoperent.
Mult lur grevat de lur seignur
Que tant esteit large dunur.
Feit fud le servise al mustier,
1164   E seint Johan vout repairier.
A tant i survint lui querante
Une femme d'aveir manante.
Vedve iert la femme; un fiz aveit,
1168   N'out mes fors lui, tant plus l'ameit.
Ceste femme seint Johan quist.
Quant truvé l'out, el puin lui mist
Un brief qu'escrit out de sa mein,
1172   N'out a l'escrire autre escrivein.
Escrit i out privëement
Qu'a Damnedeu feseit present
De cinc cenz livres de fin or;
1176   Tant vout qu'il eust de sun tresor.
Quant seint Johan out veu le brief,
A gré le prist, e tut süef
La bone femme fist partir;
1180   Ne vout sun cunseil descuvrir.
Al partir que la femme fist,
Li patrïarche qui remist
Ses seneschaus mist a reisun   *19ᵛ*
1184   Kar il les out en suspeçun:
'Dites,' ceo dist, 'en dreite fei,
De cel hume ki vint a mei,
Quantes livres aver lui feistes?'
1188   Cil distrent: 'Tant cum vus en deistes.
De quinze livres le paeames
E tant de vostre or lui livrames.'
Li seinz hoem par le Seint Espirit
1192   Bien sout qu'il n'eurent pas veir dit
E fist cel hume a sei venir;
La verté vout par lui oïr.

1165 A t. il s. l. q.   1180 descuvrer   1184 en *repeated in margin*
1189 le] li

Cil vint avant e veir cuneut:
1196 De sul cinc livres — tant receut.
A ceo que cil out cuneu tant,
Li patrïarche treist avant
L'escrit qu'il teneit en sa mein;
1200 Bien l'out tenu, mes nient en vein.
Puis turnat vers ses seneschaus,
Qu'il ja teneit e feinz e faus:
'Perte,' ceo dist, 'grant avez feit
1204 A Deu par vostre grant surfeit.
De dis cenz livres de fin or
Descreu l'avez de sun estor.
Si tant a l'hume eussez duné
1208 Cum jeo l'aveie cumandé,
Ki cinc cenz livres presentat
Par cest escrit que livré m'ad
De quinze cenz eust present feit,
1212 Mes par vus sunt a Deu toleit.
De dis cenz livres est perdant
E vus en sëez respunant.
De si grant perte e si grant toute   *20ʳ*
1216 Demande[e] vus seit la soute.
Sur vus en dette acunté seit
L'aveir qu'avez a Deu toleit.
Pur mieuz pruver que ceo seit veir
1220 Que dit vus ai de cest aveir,
La femme ki fist cest escrit
Venir vus frai que par sun dit
Ma parole tant mieuz crëez
1224 Quant la femme parler orrez.'
Li seinz hoem de rien ne tarjat
Mes la femme chaudpas mandat
Par dous persones honurables,
1228 En parole, ceo quid, reinnables.
Par eus mandat qu'ele venist
E ceo que Deus en queor lui mist

De lui offrir portast od sei,
1232 Mes ne mandat cumbien ne quei.
Quant cele oï le mandement,
Curante i vint hastivement
E par les piez seint Johan prist;
1236 Cinc cenz livres d'or fin i mist.
Li patrïarche en gré receut
Ceo que la femme offerte i out.
Mult prïat Deu, mult le requist,
1240 Ke de tuz maus la defendist,
E pur sun fiz tut ensement
Mult prëat Deu devotement.
Que pur le fiz, que pur la mere,
1244 Asez i fist lunge prëere.
Vers la femme puis se turnat,
Mist la a reisun e demandat:
'Dame,' ceo dist, 'dites mei veir: *20ᵛ*
1248 Cument avint de cest aveir?
Vint vus en queor d'offrir sul tant
De vostre or, e nïent avant?
La verité me cunuissez
1252 Si plus offrir rien vulïez.'
La femme fud mult esbaïe
Quant la demande aveit oïe.
Bien entendi que dire estut,
1256 Kar asez pensat qu'il le sout,
Li Seinz Espiriz lui out desclos
Tut sun cunseil e sun purpos,
E quant ceo vit e entendi
1260 La verité lui respundi,
Kar rien celer ne lui osout
Pur la poür que de lui out.
'Sire,' ceo dist, 'par cele fei
1264 Qu'a voz seintes ureisuns dei,
E par la fei que dei seint Menne,
El brief n'out unkes mise penne
Par autrui mein fors par la meie;

1249 *between* offrir *and* tant *a caret, with* sul tant *in the margin*

1268   Autre notaire n'i aveie.
        Quinze cenz livres d'or vuleie
        Offrir a Deu: cco sauf teneie.
        C'iert mun purpos, issi le voil;
1272   Ceo meimes escris en un fouil.
        Aprés ceo, quant al mustier vinc
        E cel escrit en ma main tinc,
        Guarder i voil par aventure
1276   Tant cum l'um dist al mustier l'ure,
        Kar pur ceo porté la l'aveie
        Quë a vus bailler le vuleie,
        Mes, al guarder quë al fouil fis,   *21^r*
1280   Osté truvai des livres dis;
        Remise n'en iert un[e] lettre
        E senz mun seu e senz main mettre.
        Les cinc cenz livres sulement
1284   Escrit remistrent; avant nient.
        Quant mun escrit tel avisai
        Merveille en oi grant, e pensai
        Qu[e] par Deu feust, e sun pleisir
1288   Ne feust que deusse plus offrir
        Fors cinc cenz livres, e l'ai feit;
        Les dis cenz livres ai retreit.'
        La femme atant sun cungié prist
1292   E, quant l'aveit, mes n'i remist.
        Les seneschaus eurent grant hunte
        Quant, eus oianz, fu dit le cunte.
        As piez le patrïarche vindrent,
1296   Ke tut feust tart a fous se tindrent;
        Merci crïerent e diseient
        Que tel surfeit mes ne lui freient.
        Mun essamplaire plus n'en dit
1300   Ne jeo n'en met plus en escrit.

        Nicete en cel tens prince esteit
        En Alisandre, e mult pöeit.

1272 ẹn escris en   1279 que ieo al f. fis
1289 cenz] cent *altered to* cenz

Cil vit seint Johan mult manant,
1304 Large dunur e despendant,
Kar de lui fud cum de funtaine
Tuz tens curante e tuz tens pleine;
Cum plus dunast tant aveit plus
1308 Senz ceo que parust busuinnus.
Li prince, ki cest vit de lui
E qu'il a tuz esteit refui,
Cunseil aveit d'od lui parler,   *21ᵛ*
1312 Plus pur prendre que pur duner.
Tels genz cest cunseil lui dunerent
Ki seint Johan de rien n'amerent,
Mes par malice e par envie
1316 Mal lui quistrent e vilanie.
Le deable en ceo siwant alerent,
Que de lui nuire se penerent.
Li prince le mist a reisun:
1320 'Mult avez,' ceo dist, 'de Deu dun,
E mult despendez largement;
Ki vient a vus de bien se sent;
De vus ne part nuls escundit;
1324 Vostre tresor n'est pas petit.
Mult est le regne en grant destresce;
A ceo metez vostre richesce.
De ceo vus devez mult pener
1328 Que le regne peussez sauver.
Vostre tresor a ceo mettez;
Tut en cumune le livrez;
En cumune burse seit mis,
1332 Ne poet aillurs mieuz estre asis.'
Li patrïarche escutat bien;
N'en fud trublé n'esmu de rien.
De respundre ne prist respit
1336 Mes de meintenant lui ad dit:
'Sire prince, ceo n'est pas dreit
Qu'a rei de terre duné seit
Ceo qu'iert offert al rei del ciel,

1323 *beginning of a letter before* ne *expuncted*

1340   E si vus plest qu'en jugiez el,
Bien m'en crëez, si vus vulez,
Par humble Johan rien n'avrez.
Un sul denier neis amuntant   22^r
1344   De ci ne prendrez par mun grant;
E si tele est la parestrusce
Que prendre en vuiliez senz rescusse,
Vëez mun lit u tut est mis,
1348   Mes c'iert senz mei qu'en serrat pris.
A Jesu Crist est tut l'aveir;
Faire en porrez vostre vuleir.'
Li prince a ceo tost s'en levat
1352   E de ses serjanz apelat.
Le lit fist cerchier, e tut prist
Fors sul cent livres; tant remist.
Tut l'autre fist d'iloec porter;
1356   N'i vout li seinz hoem contrester.
Al partir que li prince fist
Od tut le grant aveir qu'il prist,
Estranges genz vint encuntrant.
1360   De luing vindrent veisseaus portant.
D'Affrike esteient, de la meurent
Od grant aveir dunt chargié furent.
En petiz veisseaus mis l'aveient,
1364   Cuvrir par tant miez se vuleient.
Al patrïarche enveié feurent
E cel aveir porter lui deurent.
Escrit esteit chescun veissel,
1368   Par cuverture, que c'iert miel.
As veisseaus out diverseté
Pur mieuz cuvrir la priveté.
As uns parut defors escrit
1372   Que ceo fud 'Miel mult bon, eslit';
As autres out 'Miel senz fumee'.
Bien fud la chose deguisee.
Ki veist l'escrit quider n'en peust   22^v

1341 vus] uule *with part of* l *erased*   1345 parestrusce] parestrẹsce
1361 meurent] *first* e *inserted above the line*

1376   Fors que tut miel e nient el feust.
        Li prince, qui cest present vit,
        Partir i vout quant vit l'escrit.
        Del patrïarche bien saveit
1380   Que mal en ubli tost metteit;
        Par tant lui mandast e requist
        Que de sun miel aver lui feist
        A sun oes meismes pur user,
1384   E tant que gré lui deust saver.
        Li patrïarche out ja receu
        Le present ki lui fud venu;
        A ses serjanz l'aveit baillié
1388   Que les veisseaus feussent vudié,
        E cil reesteit ja revenu
        Par ki le present vuidé fu;
        Ceo quë il truvat tut out dit,
1392   E que nient fud ceo qu'iert escrit;
        Sun message reout cil ja feit
        Ki la de part le prince esteit.
        Bien l'out li patrïarche oï
1396   E mettre nel vout en ubli.
        Porter se fist, sulung l'escrit,
        Un veissel de miel bon, eslit.
        Cel od ses lettres enveiat
1400   Al prince qui miel demandat.
        Les lettres qu'il ad enveiees
        En tel furme furent dittees:
        'Nostre Sire, ki dit nus ad
1404   Que nul de ces ne guerpirat
        Ki bien de lui se fïerunt —
        En busuing prest tuz tens l'avrunt, —
        Cil est veirs Deus; mençunge het,   23^r
1408   Kar sa verté mentir ne set.
        Cil Deu, par tant qu'il dune a tuz
        Vïande e vie, e sustenuz
        Sunt tuz par lui, nel poet restreindre
1412   Hume mortel, n'a lui ateindre.'

1383 meismes] *first* s *inserted above the line*

Tel iert le brief, briefment fud dit,
E sulung ceo briefment escrit.
Li patrïarche i mist sun seel,
1416   Puis le livrat od le veissel
A ces qui deurent le present
Faire e dire sun mandement,
Kar al prince par eus mandat
1420   Que cel veissel lui enveiat
E, sei veiant, uvrir le feist;
Ceo que laenz iert guardast e preist;
Des autres veissau[s] seust pur veir
1424   Que trestuz furent plein d'aveir;
E tele esteit l'offrende tute:
De miel n'i out neis une gute.
Cil vers le prince atant alerent;
1428   Asis al mangier le truverent;
Le present firent; cil le prist;
Petit le tint, e pur ceo dist:
'Asez le vei e bien l'entend
1432   Que mult vient de grant maltalent
Ceo que li proed hoem de sun miel
Ne me dune fors un veissel.
Si trop vers mei ne fust irrié,
1436   Plus d'un veissel m'eust enveié.'
Les messages le brief livrerent
Od le veissel qu'il presenterent,
E quanqu'al prince dire deurent   *23ᵛ*
1440   Tut desclostrent e rien ne turent.
Le prince oï le mandement
E bien a l'ouil vit le present,
Kar, sei veiant, esteit uvert
1444   E l'aveir mustré, dunt fud cert
Des autres veisseaus qu'ensement
Pleins furent que d'or que d'argent.
Al brief uvrir, quant il laenz vit

1417 qui] *obscured by rough surface*
1418 Faire] *final* e *partly obscured by rough surface*
1419 al] *initial* a *partly obscured by rough surface*   1444 dunt] Dūt
1445 qu'] Que

1448 Ceo que briefment parut escrit,
Dunt tele esteit tute la summe
Qu'estrescé n'iert ja Deu par hume,
En la parole pris se tint,
1452 E tut autre qu'einz n'iert devint.
La chiere lui fud mult chaëte;
Dunt chaudpas dist: 'Ja par Nicete
N'iert Damnedeu mis en destresce
1456 Quant tant entend de sa largesce.
Jeo sui mortel, venuz de terre;
Tant sai de mei, mult sui pecchiere.
La fieblesce de ma nature
1460 Me trait que seie pureture.'
A ces paroles s'en levat;
Al mangier mes ne demurat;
Tut prist l'aveir qu'il out toleit
1464 Od ceo dunt present lui fud feit,
E treis cenz livres mist od tut,
Del soen demeine tant l'acreut.
Tut cest aveir od sei portant,
1468 Al patrïarche vint curant.
Hunte ne tint merci requerre
Mes a ses piez se mist a terre.
Senz cumpainun i vint tut sul,   *24ʳ*
1472 De ses privez n'i menat nul.
Mult humblement ses piez i prist
E mult de queor merci requist.
Fut ausi cum genz autre i feussent
1476 Ki grant querele vers lui meussent;
Nient autrement la s'acusat,
Nient autrement merci crïat.
Asez offri que, si penance
1480 Lui pleust enjuindre, senz dutance
De bon queor la receivereit
E del faire peinne mettreit.
Quant seint Johan s'iert adverti
1484 Cument cil fud tost cunverti

1449 summe] *final e obscured by stain*   1458 mult] Mult

Merveille en out, e del surfeit
Que feit lui out rien n'ad retreit.
Bones paroles i parlat,
1488   E bonement le cumfortat.
Le prince en ceo fud si cunquis
Que tuz tens puis feurent amis;
L'amur entre eus mult bien avint;
1492   L'un e l'autre mult bien la tint
E, que la peis fust mieuz entiere,
Seint Johan devint sun cumpere.

Que d'Abraham que de sa fei
1496   Asez truvum en la viez lei.
Sa fei vuleit ja Deu pruver
Pur essample de bien mustrer,
E cil qui pruvat Abraham
1500   Revout assaer seint Johan.
N'est si bien nun de remenbrer
La maniere de l'assaer;
Mult en poet l'um, par bien entendre,   *24ᵛ*
1504   En seinte Eglise essample prendre.
Il avint ja par acheisun
De cele grant destructïun
Ki feite fu par l'ost de Perse —
1508   Cil sunt une gent mult purverse —
Que mulz guerpirent lur païs
Pur dute qu'il n'i fussent pris.
Aillurs quistrent lur sauveté,
1512   Ke grant fud la cheitiveté.
Li plus de cez ki s'en fuïrent
En Alisandre s'enbatirent.
Al patrïarche vindrent tuz;
1516   A lui furent tuz bien venuz.
De ses aumodnes i sustint
Trestut le poeple ki survint.
A tant surst une dure anee

1500 assaer] *first* s *inserted above the line*
1505 *extra* a *erased before* acheisun

1520 Dunt la terre fud mult grevee.
    En grant defaute iert le païs
    E de vïande mult esquis.
    Ceo fist le floen, qui Nil ad nun,
1524 Ki n'out pas guardé sa seisun.
    En dreite seisun sout munter
    E le païs tut aruser,
    E quant la terre iert bien tempree
1528 Suvent sout sivre bone anee.
    Li Nil cel an ne muntat pas,
    En sun chanel s'iert tenu bas;
    Trop en devint la terre dure
1532 Quant gute d'ewe n'i vint sure;
    Ne pout la terre fruit porter;
    Par tant estut chierté munter;
    Mes seint Johan pur la destresce   *25^r*
1536 Ne vout guerpir sa grant largesce.
    Tut mist avant, tut despendi
    Quanqu'aveit mis en sun estui.
    Quant despendu tut out en pain
1540 E mes n'aveit u mettre main,
    A ces se traist ki Deu amerent;
    Cil ceo qu'il eurent lui presterent.
    A mil livres pout tut munter
1544 Ceo qu'a creance pout truver.
    Aprés l'autre ceo despendi;
    Creance puis par tut perdi;
    Ne truvat veisin ne veisine
1548 Ki sucurs feist en la famine,
    Ke la chierté tuz tens muntat
    Par quei chescun le soen guardast.
    D'amendement n'out nul semblant,
1552 Dunt chescun se purvit avant.
    En tel busuing le fist pur sei
    Chescun ki Deu duna[s]t, par quei

1523 q̇uẹ; *at this line the script becomes smaller and neater but the formation of the letters appears the same* 1524 g. sa sa s.
1534 estut] estoet 1539 ẹn out en p.
1546 Crance *with superscript* e *and caret* 1550 quei *inserted above line*

Li patrïarche iert mult pensis
1556 Pur les povres qu'il out enpris.
Mult prëat Deu que, si lui pleust,
Bone merci de sun poeple eust.
 En la cité manant esteit
1560 Uns hoem ki Cosme nun aveit,
Bien estoré que de frument
Que d'autre chose asez granment.
A deacne vout estre ordené,
1564 ·Mes il s'en iert trop esluinné
Par dous espuses qu'il out eu;
Par tant n'i pout estre receu.
Tel est l'esguard de seinte Eglise,   *25ᵛ*
1568 E par decré feite l'asise
Que, qui prent femme e cele moert,
Si plus en prent seint ordre pert.
Tut ensement decré refuse
1572 Celui ke femme vedve espuse.
Tuz cez ki sunt si muillierez
De seint ordre sunt esluinnez.
Nes veut receivre seinte Eglise
1576 Qu'a sun autel face[nt] servise.
Dous espuses aveit Cosme eu;
Ordre de deacne en out perdu,
E, tut le seust il, nepurquant
1580 Tuz tens fud a l'ordre tesant.
Aver le vout cument que fust;
Reisun n'i pensat fors qu'il l'eust.
Cist vit seint Johan en destreit
1584 Quant sa despense lui failleit.
Dolent le vit e anguissus
Que faillir deut as busuinnus.
Ja pensat bien a chief venir
1588 Que li seinz hoem feist sun desir.
N'osat de buche od lui parler,
Ne sun curage avant mustrer.
Par tant pensat qu'il vout escrire

1573 si] issi 1588 desir *repeated in margin*

1592   Ceo que de buche n'osat dire.
Issi pensat, issi le fist.
La furme iert tele qu'il escrit:
  'A seint Johan fait tel prëere
1596   Cosme sun serf, tut seit pecchiere.
Bien l'ai oï, bien l'ai apris,
Que de vïande estes esquis.
Ceo soeffre Deu pur noz pecchiez   *26ʳ*
1600   Que tant sëez enbusuinnez;
Mes n'est pas dreit qu'en plenté seie
E vus en tel defaute veie.
Quatre vinz livres d'or e cent
1604   E dous cenz mil muis de frument
Requier vus que del mien prengez
Ki prest vus sunt, si bien vulez.
Tut vus seient abanduné
1608   Qu'a Jesu Crist seient duné
Par vostre main, ke pur seignur
Vus tieng e desir vostre amur.
A ceo requier que tant facez
1612   Qu'ordre de deacne me grantez,
Qu'a l'autel peusse od vus servir
E si mes pechiez espenir,
Kar nus le tru[v]um en escrit,
1616   Sicum li seinz apostle dit,
Que pur busuing change la lei;
Ore a l'ure le busuing vei.'
    En tel furme furent dittees
1620   Les lettres, e puis enveiees.
Seint Johan les lettres receut;
Tost vit, al lire, ceo qu'i out.
Chaudpas mandat qu'a lui venist.
1624   Cil vint cum prendre ceo qu'il quist.
Seint Johan le mist a reisun:
'Estes vus cil desuz ki nun
Unes lettres me sunt venues?

1628   Par vostre fiz les ai receues;
        Vostre notaire vint od lui.
        Vindrent par vus u nun cil dui?'
        Cil respundi que bien veir fu   26^v
1632   E de par lui furent venu.
        Seint Johan fist dunc que curteis
        E cum hume ki amat peis;
        De misericorde fud pleins,
1636   Par tant ne fist pas que vileins.
        Nel vout cunfundre oiant la gent;
        Tuz fist eissir; lui sulement
        Od sei retint, e senz vilté
1640   Le chastïat en priveté:
            'Vostre offrende,' ceo lui diseit,
        'Sulung le tens mestier avreit,
        Mes pur ceo qu'ele est tachelee
1644   Ne la receit Deu, ne n'agree.
        Vus savez bien ceo qu'est escrit
        De l'öeille, cum la lei dit:
        Si tele n'est que tecche n'eit
1648   Ne plest a Deu qu'offerte seit;
        N'en deit l'um sacrifice faire
        Quant l'um la seit a Deu cuntraire.
        L'offrende Caym a Deu ne plout;
1652   Pur ceo reguarder ne la vout.
        Ceo que li seinz apostle dit,
        Sicum l'ai veu en vostre escrit,
        Que lei suvent est translatee
1656   Quant pur busuing est remüee,
        De la viez lei numëement
        Fud issi dit, e pur el nient,
        Kar cument iert de ceo que dist
1660   Seint Jache, frere Jesu Crist,
        Ki bien s'afiche e bien s'abute,
        Que ki que guarde la lei tute,
        Si sulement trespast en un,   27^r
1664   Culpable en iert de tut pur un?

        1641 dist *unexpuncted, but* diseit *in margin*

De noz freres, ki meseisez
E busuinnus sunt, ne dutez,
Tut ensement de seinte Eglise
1668   Que guarde bone n'en seit prise.
Deus, quis nurit asez avant
Que jeo u vus feussum neissant,
Cil les nurrit e nurrirat;
1672   Sicum lui plest tuz tens lur frat,
Si tant i eit que nus l'amum
E ses paroles bien guardum.
En ma grange quid aver tant
1676   Qu'a dis muis de blé seit muntant;
Sa beneiçun lur poet duner
Ki pout cinc peins multiplïer.
Pur ceo, beal fiz, la fin vus di
1680   Que de vostre asme avez failli;
Part n'heritage ja n'avrez
En l'ordre Deu que vus querrez.'
    Quant cil l'estrusse aveit oï,
1684   Senz espleiter dolenz parti.
A sun partir un autre entrat
Ki nuvele bone portat
De dous nefs al port arivees
1688   Ki pur frument furent siglees.
De Sezile venues furent,
E de frument lur charge i eurent.
Seint Johan les out enveiees;
1692   A l'ure esteient repeirees.
Li seinz hoem a terre chaï
Quant la nuvele aveit oï;
Deu tut puissant mult mercïat   *27ᵛ*
1696   E tels paroles i parlat:
    'Sire,' ceo dist, 'graces vus rend.
Vostre puissance bien entend,
Ki ne suffristes que vendisse
1700   Vostre grace, par quei mespreisse.

1669 D. qui eus n.; asez *inserted above line and faintly repeated in margin (by a different hand?)*   1687 neff

Graces vus rend qu'aveir n'en pris.
Cil ki vus quiert n'iert ja suppris;
Ki tient l'esguard de seinte Eglise
1704   Mult bien lui rendez sun servise;
Cil ki se veut a vus tenir
Ne porrat ja de bien faillir.'

Dous clers s'esteient entrepris,
1708   Dunt en sentence furent mis.
Seint Johan les escumengat,
Kar lur medlee lui grevat.
Tant cum lui plout les tint lïez;
1712   Mult vout que fussent chastïez.
Li uns des dous fist ceo qu'il deut
Quant il sa culpe bien cuneut
E recuilli mult bonement
1716   La peine e le chastïement.
L'autre ki fud malicïus
Heité se fist e mult joius
Que tel sentence lui fud mise,
1720   Par quei n'entrast en seinte eglise.
Acheisun out de sei sustraire
De seinte eglise pur pis faire.
Vers seint Johan se curuçat;
1724   De lui nuire mult maneçat.
Asquanz diseient de celui,
Qu'al patrïarche out feit l'ennui
Vers Nicete, quant fist entendre   28ʳ
1728   Del grant aveir qu'il fist tut prendre.
Sa mein al prendre mis aveit,
E par cest clerc fud tel mal feit.
A seint Johan nuvele en vint;
1732   Del clerc dit fud que plai ne tint
De la sentence, e tel queor out
Que repentant estre ne vout,
E que vers lui numëement
1736   Faire ne vout adrescement.

1717 Li a.

Seint Johan ki fud bon pastur,
Quant fud acuinté de l'errur,
De ceo que seint Pol dit pensat,
1740   Quant de sa charité parlat:
'Quels hoem est en enfermeté
Od ki ne seie molesté?'
Aillurs redit: 'Ki force avez
1744   Le fes as fiebles sullevez.'
Li patrïarche en cel penser
Le clerc a sei vout apeler,
E faire qu'absolucïun
1748   Eust de l'escuminatïun.
Pur ceo le pensat d'apeler
E ducement amonester,
Kar bien s'aparceut que li leu
1752   A la berbiz prendre prest fu.
De bon queor vint tel volenté,
Plein de duçur, plein de netté;
Mal ne retint, mal ne pensat,
1756   E par bien faire ceo pruvat.
Apeler vout le clerc a sei,
Mes ceo remist, ne sai par quei.
Cel purpos fud mis en ubli: 28ᵛ
1760   Jeo quid que Deu le vout issi.
Passerent jurz, vint le dimeine,
Li plus haut jur de la semeine.
Le seinz hoem s'en vint a l'eglise
1764   Pur faire del jur le servise.
Quant vint a l'autel e estut
U sacrefice faire deut
Del cors e del sanc Jesu Crist,
1768   Qu'il pur nus sauver a mort mist,
Quant entre ses mains le cors tint,
Del clerc a l'ure lui suvint
Qu'il out en purpos d'apeler
1772   Pur sun curage a miez turner.
La repensat de la parole

1753 vint *repeated in margin;* tele

Ki mult eissit de bone escole, —
C'iert de la buche Jesu Crist;
1776 Quanqu'est de bien de lui tut eist —
'Si vostre dun a Deu offrez
A l'autel, e la recordez
Que vostre frere eit vers vus rien
1780 Par voz desertes el que bien,
Le dun a l'autel guerpissez;
D'iloec a vostre frere alez,
Par acorde vus afaitez;
1784 A vostre dun puis repeirez;
Desdunc le porrez bien offrir,
E Deu le vuldrat recuillir.'
Ceste parole en queor lui sist,
1788 Dunt a sun deacne signe fist
Que l'ureisun qu'il i feseit,
Sicum custume iloec esteit,
Tute de chief recumençast   *29ʳ*
1792 E, s'issi fust qu'il la finast,
Ne leissast de recumencer
Tresqu'il venist al cors sacrer.
Atant se feinst cum busuing eust
1796 Quë a la sele aler l'estust.
Fors de l'eglise s'est hasté,
E quant vint en sa priveté
Pres tresqu'a vint des soens fist curre;
1800 Le clerc par tut cumandat querre.
L'entente al pastur tele esteit
Que la berbiz sacher vuleit
Fors de la buchë al leün,
1804 Ceo n'iert si le dëable nun,
E Deus, qui tuz tens est refui
A ces ki poür unt de lui,
Fist que li clerc fust tost truvé:
1808 De lui querre n'iert nul grevé.
Quant truvé fud e vint avant,
Li patrïarche tut errant

1786 recuiller   1791 cumencast *with* re *inserted above line*

Mist se a genuilz cum feit lui eust
1812 Chose que faire ne lui deust,
E dist lui: 'Frere,' mult humblement,
'Pardunez vostre maltalent.'
Al clerc en prist hisdur mult grant
1816 Quant il le vit esgenuillant.
Hunte e poür out pur la gent
Quant il vit sun cuntenement.
Esbaï fud e dutat mult,
1820 E pur tel hume surquetut
Ki patrïarche sacré fu,
Hume d'ëage e tut chanu;
Poür aveit grant que feu venist   *29ᵛ*
1824 Del ciel la sus ki tut l'arsist.
En tel poür s'esgenuillat;
Vers lui li clerc merci crïat.
Il demandat misericorde;
1828 Receu fud tost en ferme acorde,
Kar li seinz hoem tost respundi:
'A nus tuz face Deus merci.'
Quant tant out dit, ambdui drescerent
1832 E en l'eglise ensenble entrerent.
Il dunc a l'autel aproesçat;
La messe a joie grant chantat;
Le servise del jur i fist.
1836 A cunscïence bone i dist:
'Noz dettes, Deu, nus perdunez
Dunt vers vus sumes endettez,
Sicum par nus sunt releissé
1840 Cil ki vers nus sunt endetté.'
Li clerc desdunt se repenti,
Dunt puis furent si bon ami
Que seint Johan littre le fist,
1844 E tant avant aprés le mist
Qu'a pruveire fud ordené,
Tel grace lui out Deu duné.

1814 P. mei v. m.   1815 en *inserted above line, with faint* enp'st *in
the margin, possibly in a different hand*

Al dit as peres ancïens,
1848 Ki repleniz furent de sens,
Od les angeles n'ad si peis nun,
En joie sunt e senz tençun;
Hoemes soelent suvent tencer,
1852 Mes tost se deivent ameiser;
Li deable en tençun tuz tens sunt,
De peis, de joie, puint n'en unt.
Ne bel ne bon n'est de tencer   30^r
1856 Senz acheisun e senz mestier.
Mestier n'en iert ja n'acheisun
Si ceo ne seit pur sul Deu nun.
  [U]ne tençun surst une fie:
1860 Dunt e cument, bien est quel die.
Bon essample bien est d'escrire,
Quant pru en prent kil vuldrat lire.
  Seint Johan enprist une guerre
1864 Cuntre le prince de la terre.
Nicete, prince del païs,
D'un marchié s'esteit entremis.
Establir vuleit cel marchié,
1868 Dunt trop serreient damagié
La povre gent kil siwereient
Quant grant custume i paereient.
Nicete le fist pur sun pru;
1872 Del grief as povres poi lui fu.
Li patrïarche, quant ceo sout,
De queor as povres aider vout.
Desturber vuleit le marchié
1876 Dunt mulz serreient damagié.
Ces dous persones s'assemblerent
Tut sul a sul, de cest parlerent.
Li uns le vout, li autre nun;
1880 Par tant surst entre eus la tençun.
Cil sun purpos ne vout guerpir,
Seint Johan ne vout cunsentir.

1859 *large capital* U *overlooked by rubricator, despite* .v. *in margin*
1866 De vne m.

Tant ferm se sunt ambdui tenu
1884 Que l'un e l'autre n'iert vencu.
Passat une ure, e autre aprés,
E cil a tencer tut adés.
Pres iert de l'ure de midi   *30ᵛ*
1888 Quant tut par mal se sunt parti.
Li patrïarche pur Deu fist
Ceo que le marchié cuntredist;
Li prince i out tut autre entente,
1892 Ki mult pensat creistre sa rente,
E nepurquant quant parti furent,
Issi qu'acorder ne se porrent,
Dist li seinz hoem: 'N'a tort n'a dreit
1896 Hume curucier ne se deit.'
Nune del jur fud ja passee
E vint aproesçant la vespree.
Li patrïarche, ki pensif
1900 Fud del barat e de l'estrif,
Mult vout qu'entre lui e Nicete
Cuncorde bone e peis fust feite.
Il fist venir de sun clergié
1904 Pur envëer al prince irié,
Od un sun maistre archipruveire,
E — ceo que feit mult a retraire —
Lui chargat e qu'al prince alast
1908 E tels paroles lui portast:
      'Li soleilz est a rescunser.'
Tant deist, puis leissast lui parler.
Quant cil al prince esteit venu,
1912 Petit message tost dit fu.
Quant dit aveit le mandement,
Li queors al prince hastivement
Se chanchat e fud en effrei;
1916 Ne senti ja puint d'ire en sei.
Espris fud cum d'une chalur
Ki turné l'out tut en duceur.

1883 ambedui   1884 li un e li a.   1904 enveir
1909 soleilz] *final z squeezed into line*   1917 cumẹ

Bone iert la chalur, de Deu vint.   *31ʳ*

1920   Le maltalent mes ne retint.

La parole ki fud mandee

En lui se fud mult eschaufee

Tut ausi cum feu descendist

1924   Del ciel amunt ki tut l'espreist.

Tant fud espris del mandement

Que mult en plurat tendrement.

Ne vout targier mes tost levat;

1928   Al patrïarche s'en alat.

Quant seint Johan out entendu

En quel maniere il iert venu,

De meintenant le salüat,

1932   E ducement a lui parlat:

'Bon fiz,' ceo dist, 'de seinte Eglise

Mult bien viengez! La sue asise

Bien guardez, cum obedïent

1936   A faire sun cumandement.'

Dunc se pristrent entreacoler,

Chescun sei meismes enculper;

L'un e l'autre s'acusat mult

1940   Que feit aveit el qu'il ne deut.

Ensemble asis s'ierent atant,

E seint Johan parlat avant:

'Beal sire,' ceo dist, 'bien sacez,

1944   Si veu n'eusse que trop trublez

E trop feussez en ire esmeu,

Jeo fusse a vus avant venu,

Kar Nostre Sire Jesu Crist

1948   Tut ensement en terre fist;

Citez, chasteaus envirunat;

En plusurs lieus meisuns entrat;

Tut fist pur humes visiter,   *31ᵛ*

1952   Aparaillez de tuz aider.'

Quant seint Johan aveit parlé,

Mult plout a tuz s'humilité,

1919 iiert *with* iert *written above*
1933 *The B is an ordinary majuscule, but* .b. *in the margin shows that a large coloured capital was intended*

Quant il ki fud de tel hautesce
1956 Tant teneit poi demustrer noblesce.
Mult plout a tuz ceo qu'en lui virent
E les paroles qu'il oïrent.
Li prince ki cest entendi
1960 Al patrïarche respundi:
'Des ui, beal pere, sui guarni;
Dunt mes ne vuil estre escharni.
Desore mes ces ne crerrai
1964 Ki dirrunt rien dunt surde plai.'
A ceo que li prince tant dist
Seint Johan tel respuns lui fist:
'Bien m'en crëez, beal fiz e frere,
1968 De ceo qu'ai sentu d'en ariere:
Si tuz ces vulum escuter
Ki nus vendrunt choses cunter,
De granz pecchiez seignurs serrum;
1972 Paeis e joie ja meis n'avrum.
Aucune fie en fui deceu
Einz que m'en feussë aparceu
E, par trop tost mal cunseil creire,
1976 Fis el que jeo ne deusse faire,
Kar puis par autres le saveie
Cument e quant deceu esteie.
Unë e autre e tierce fie
1980 Feite me fud tel vilainie.
Puis me purpensai que j'en freie
E cument jeo m'en delivreie.
Une asise fis a cele ure: *32^r*
1984 "En tuz lieus u ma poesté dure,
Que nuls hoem d'autre ne me cunte
Chose qui turnt a mal e hunte
Senz ceo que l'autre seit present,
1988 Que dit seit afruntëement;
E ki sur autre mentirat
De dit u feit, dunt proeve n'ad,

1976 q. ieone ęn d.f.   1980 tele   1987 li a.
1988 afrunteement] *second* e *inserted above line, with caret*

La peine port que porter deust
1992 L'autre si le surdit veir feust."
Puis cele asise paeis ai eu,
Que nuls n'est puis a mei venu
Ki die rien privëement
1996 D'autre ki turnt a medlement.
Pur ceo, beal fiz, quant issi est,
Jeo vus requier e amonest
Ore en avant ausi facez,
2000 Si joie e paeis aver vulez,
Kar ki en grant hautesce sunt
Cuntre dreiture suvent funt.
Meint hume funt jugier a tort
2004 E senz resun livrer a mort
Par mal cunseil de male gent,
Quant puint de peine nuls n'en prent.'
　　Le prince, quant cest out oï
2008 E la reisun bien entendi,
Tut sicum Deu l'eust cumandé
Pramist que serreit bien guardé
Le cunseil que duné lui out,
2012 Kar bon esteit e mult lui plout.
De cel cunseil ne partireit
Tant cum la vie lui durreit.

　　Li patrïarche out un neveu　　　　　*32ᵛ*
2016 Ki George out nun; entur lui feu.
Ne vus sai dire l'acheisun,
Mes un jur surst une tençun
Entre lui e un tavernier
2020 Ki mult le prist a leidengier:
Asez lui fist de la vilté,
Oiant la gent de la cité.
Dolenz fud George e mult marri
2024 Quant cil si vilment l'out laidi.
Mult fud dolent, nient sulement
Qu'avilé fud, oiant la gent,

1992 Li a.　　2024 uilement

Mes pur ceo que plus bas de lui
2028 Faire lui osat tel ennui.
Numëement ceo prist a fes,
E de ceo pensat qu'il iert niés
Al patrïarche, e prist a gros
2032 Que nuls hoem pout estre tant os
Que seint Johan tant avilast
E sun neveu despersonast.
En tel dulur en ceo penser
2036 Ne se pout tenir de plurer.
Plurant parti de la tençun;
Ne sai si culpes out u nun.
A sun uncle vint pur sei pleindre
2040 E, tant tost cum i pout ateindre,
En la chambre sun uncle entrat:
Tut sul sëant laenz le truvat.
Li patrïarche, quant l'out veu
2044 Aduluisé tant e esmeu,
Mist le a reisun, enquist qu'il eust
Pur quei plurast: dire lui deust.
Quant cil l'oï tant demander,
2048 Lores s'esleissat a plurer.
Ne pout parler, ne pout mot dire,
Enflé fud tant e suppris d'ire.
Atant survindrent, laenz entrerent,
2052 Des cumpainnuns ki od lui ierent
Quant tencié out al tavernier
Ki plai ne tint d'esparnïer.
Cil i cunterent l'acheisun,
2056 Quant e cument surst la tençun,
E diseient que n'iert pas dreit
Qu'as soens feust fait si grant surfeit;
Ne deust suffrir qu'a sun lignage
2060 Feust feit vilté ne tel ultrage,
De basse gent numëement;
Trop fud ses niés treité vilment.

33ʳ

2030 nies *repeated in margin* 2032 poet e. t. o.
2039 sei *inserted above the line* 2044 Aduluiseç

Quant seint Johan out entendu
2064   Tut cument iert de sun neveu,
Mult cuintement le fist e bien
Cum feit li bon fisicïen.
Quant maladie guarir veut
2068   Enplastre met sur ceo que deut;
Enplastre met e uinnemenz
Cum ses premiers esperemenz,
Puis met le fer par cirurgie
2072   Pur tute oster la maladie.
Cëste maniere mist en oes
Li patrïarche quant ses niés
Murne e dolenz iert survenuz;
2076   Apeser vuleit sun curuz.
Primes parlat e dist: 'Cument?
Quels hoem enprist tel hardement
Que vostre vuleir vus desdeist   *33ᵛ*
2080   U cuntraire de rien vus feist?
Beal fiz, bien crëez vostre pere
Que jeo tel chose vuil ui faire
Dunt mult së en merveillerunt
2084   Tuz ki en Alisandre sunt.'
Ses niés de cest mult se paeat
E bien par tant s'en cunfortat.
Mult pensat bien d'estre vengié
2088   De celui ki l'out leidengié.
Il quidat que li tavernier,
Senz ceo que nuls lui peust aider,
Feust pris e vilment demené
2092   E tut nu treit par le marchié
E tant batu des cachepous
Que tuz tens mes sentist les coups.
Quant il fud ja bien revenuz
2096   Tant que mes plurast de curuz,
Li patrïarche a sei le prist,
Sun piz beisat e bien lui dist:
'Beal fiz, si vus en verité
2100   Niés estes de m'humilité,
Aprestez vus d'estre batu

De chescun hume e vil tenu.
N'est pas verrai le parenté
2104 Ki nus vient de charnalité,
Mes de vertu de bon curage
Vient la surse de bon lignage.'
Celui se fist venir atant
2108 Ki des tavernes iert sergant.
Quant vint li maistre tavernier
E prest fud cum pur soen mestier,
Li patrïarche defendi   *34ʳ*
2112 Que cil ki sun neveu laidi
Par lui ne feust pur ceo grevé,
E que pur ceo feust chalengié;
N'a tort n'a dreit mal ne lui feist,
2116 Neis custume de lui ne preist,
E sa taverne quite feust,
Senz rente rendre tute l'eust;
Ne preist de lui [ne] poi ne grant;
2120 Francs feust, kar il feud sun tenant:
Sun miés pendeit a seinte Eglise;
Par tant le mist en tel franchise.
Quant cest afaire esteit oï
2124 Tuz en furent mult esbaï.
Poür eurent de sa suffrance,
Que ne pensat prendre vengance.
Dunc a primes bien entendirent
2128 La parole cil ki l'oïrent,
Que tel feisance cel jur freit
Dunt mult së en merveillereit
Tute la cité d'Alisandre
2132 Tant cum se peust la chose espandre,
Kar ceo suffire ne lui pout
Que vengance prendre n'en vout
Mes bien lui fist cum pur vengance:
2136 Mult aveit ci bele feisance.

D'un clerc oï seint Johan dire

2110 meistier   2121 apendeit a

       Que cureçus iert e plein d'ire,

       E si mal queor vers un hume out

2140   Qu'acorder pur rien ne se vout.

       Seint Johan pas nel cunuiseit

       Fors sulung ceo qu'oï aveit;

       Par tant en fist enqueste faire,   *34ᵛ*

2144   Que saver peust quel feust la veire;

       E de sun ordre e de sun nun

       Fist faire enqueste par aucun.

       Un jur avint, dimeine esteit.

2148   Cil ki del clerc enquis aveit

       Vint e cuntat a seint Johan

       Que cil clerc out nun Damïan

       E deacne esteit; bien enquis l'out.

2152   Li patrïarche, quant ceo sout,

       Sun arcedeacne reguardat

       Ki pres lui fud, e cumandat

       Que d'un clerc deacne guarde preist

2156   Quant al mustier venir le veist,

       De Damïan numëement,

       E lui mustrast privëement.

       A l'endemein esteit asise

2160   Estacïun en seinte Eglise.

       La vint le clerc, mes de l'agueit

       Que l'um lui fist puint ne saveit.

       Par tens le saveit seint Johan

2164   Quant venuz i fud Damïan,

       Ke l'arcedeacne l'avisat

       E a sun seignur le mustrat.

       Li patrïarche, quant l'out veu,

2168   N'en fist semblant mes en peis fu;

       De ceo qu'il pensat rien ne dist

       Mes vers l'autel tut bel se mist.

       A l'autel vint cel jur ester

2172   Pur Damïan sul amender.

       Quant vint a l'acumunïer,

2138 iert *slightly obscured*   2139 *initial* v *of* vers *slightly obscured*
2155 Q̈ vn de c.d. *with double accents to mark inversion*
2159 Al dimeine e. a.   2165 Ke li a.

U perillus feit aproescer
Si tel ne seit la conscïence   *35ʳ*
2176 U mal ne seit, neis en cunscence,
Un aprés autre en ordre vint,
E Damïan sun ordre tint.
Quant quidat bien e fud seür
2180 Prendre le cors Nostre Seignur,
Seint Johan par la mein le prist;
Duner ne lui vout, mes lui dist:
'A vostre frere avant alez,
2184 A lui de queor vus acordez,
Puis revenez pur dignement
Receivre ci cest sacrement.
En Jesu Crist n'ad puint de vice;
2188 Ne seit el queor tenir malice.'
Hunte e poür out Damïan
De ceo que feit out seint Johan,
Veant les clers ki laenz esteient
2192 E a ceo que feit fud entendeient.
De l'ure, del lieu, tant pensat
Que cuntredire ne l'osat:
Mult est dutuse a tuz cele ure
2196 Ki sunt senz cunscïence pure.
Li clerc i pramist, oiant tuz,
Qu'en queor ne tendreit [mes] curuz.
A sun frere s'acordereit;
2200 Mes maltalent vers lui n'avreit.
A la pramesse que feit out,
Seint Johan lui fist ceo qu'il vout;
A l'ure l'acumunïat,
2204 E cil aprés mieuz se guardat.
Puis cele ure bien se guarderent
E clers e lais, e mult duterent
Estre en descorde e en tençun;   *35ᵛ*
2208 Bien s'en chastïat puis chescun;
Poür eurent que cumfundu
Feussent sicum cil deacne fu.

2175 tele

      Mult sout seint Johan d'escriture

2212   Mes ne [la] leissat pas encurre;
        De quanqu'il pout i entendeit
        E bien en oevr[e] la meteit;
        Le bien qu'il out en sa memoire

2216   Ne mist avant par veine gloire;
        Ne parla pas parfundement;
        Entendu fud legierement.
        Ne quist usdive, mes tuz tens

2220   De bien sout parler e de sens;
        Ja de sa buche n'iert oïe
        Parole usdive en cumpainnie;
        E feiz e diz de seinte gent

2224   En essample traeit suvent;
        Suvent mout entre cumpainnuns
        Des escriptures questïuns,
        E bien les sout suvent espundre

2228   Pur les herites bien confundre
        Dunt le païs fud repleni,
        Mes n'esteient pas bien de lui.
        En cumpainnie tel se tint,

2232   Fors quant busuinne lui survint
        Qu'a chose que foreine feust
        Del tut entendre lui estust.
        En sa presence ki venist,

2236   E pur detraire rien i deist,
        Pur la mateire tost oster
        D'autre chose prist a parler.
        Si cil par tant ne l'amendast   *36^r*

2240   De rien pur ceo nel chalengast,
        Mes bien acuintast ses ussiers
        Que cil n'entrast par lur mestiers,
        E qui qu'entrast u mandé fust

2244   Cil entree nule n'i eust.
        D'aucun lui plout ceo cumander
        Pur plusurs autres chastïer.

2215 momoire   2217 *letter after* parla *erased*   2218 Entendi

Ceo dunt bien surt ne fait a taire;
2248   L'um deit le bien tuz tens retraire.
Divers païs, diverse gent,
Diverseté funt bien suvent;
Sulung païs e sulum humes
2252   Mult varïer soelent custumes.
     En l'empirie iert ja custume:
Bien semble que vint de prud hume,
Ne sai si dure uncore u nun
2256   En cele u autre regïun.
Quant emperiere esteit esleu,
Tant que l'empirie eust receu
Le jur qu'il curune portast,
2260   Haut hume nul ne l'aproesça[s]t
Desqu'a l'ure que venuz fussent
Marbriers ki bien lur mestier seussent.
Pieces de marbre od sei portassent,
2264   U quatre u cinc, e lui mustrassent
Ki diversassent de culur,
E puis deissent a l'emperur:
'Dites nus, sirë emperiere,
2268   De ces marbres la quel maniere
Vus plest mieuz que nus en façum
Vostre sarcu, kar tuz murrum?
Vus estes un hume mortel,
2272   Eschaper ne porrez par el
Si par la mort nun ki tut prent;
Hoem ki vive ne s'en defent.
De vostrë aume pernez cure,
2276   Amez le bien, tenez dreiture,
Leissez orguil, tesez a bien
Plus qu'a cest onur terrïen.
Vostre regne bien guvernez;
2280   D'aver pitié tuz tens pensez.'
     Seint Johan nel mist en ubli
Quant il de cest parler oï.
Essample prendre en vout, e fist;

36^v

2262 Marberiers   2278 *large coloured capital (see note)*

2284 De sun sepulchre s'entremist.
　　　Faire cumandat sun sarcu;
　　　De sa place bien iert purveu
　　　La u ses ancesurs giseient
2288 Ki patrïarche avant esteient.
　　　As uvriers dist que s'entremeissent
　　　Del sarcu, mes que nel parfeissent;
　　　Ne vuleit pas que parfeit fust
2292 Desqu'a l'ure que murir deust.
　　　Pur ceo ne vout que fust parfeit
　　　Que, quel ure feste vendreit,
　　　La bone gent ki la serreient
2296 E par le sarcu passereient,
　　　Quant veissent que parfeit ne feust
　　　Mes bien uncore a faire i eust,
　　　A lui venissent e l'amentussent,
2300 Oiant ses clers ki pres lui feussent,
　　　E deissent lui: 'Sire, que deit
　　　Que vostre sarcu n'est parfeit?
　　　Cumandez qu'il seit apresté   37^r
2304 E que par tant seit plus hasté
　　　Que vus ne savez ne jur n'ure
　　　Quant li lerre vus vendrat sure.'
　　　Li patrïarche issi le fist
2308 De sun sarcu ki tel remist.
　　　Desqu'a sa mort ne fud parfeit:
　　　Essample en tant duner vuleit
　　　A ces ki aprés lui vendreient
2312 A patrïarches la serreient
　　　Que de la mort tuz tens pensassent,
　　　Sa survenue mult dutassent.
　　　La mort survient cum feit li lerre;
2316 De lui n'eschape rien en terre.

　　　Jerusalem esteit jadis
　　　Mult seinte terre e bon païs,

2285–6 *thin cross against these lines*
2302 sarcu *inserted below line, with double accents to mark insertion*
2310 dune(*hole*)r   2317 *large capitals* IERU (*see note*)

E tel par reisun deveit estre
2320   Le païs u Deu deinnat nestre.
Cele terre tant boneuree
Pur noz pecchiez esteit livree
A genz de Perse e, quant la ierent,
2324   Arstrent, destruistrent e robberent;
Les temples Deu par eus ars furent;
Pitié de Deu ne de[s] soens n'eurent.
Mult fud le païs eissillié;
2328   A seint Johan en prist pitié.
A queor lui veneit mult suvent
De seint Modest numëement
Ki mul[t] prud hoem esteit tenu
2332   E patrïarche de la fu,
Mes mult iert povres, ceo diseient
Cil ki de Jerusalem veneient.
A si grant perte restorer   *37ᵛ*
2336   Vout seint Johan del soen aider.
Il fist aturner un present
De mil sachees de frument
E mil sachees de legum
2340   E mil cordeles de pessun —
Seichi fud e en cordes mis
Sulum l'usage del païs —
De fer mil livres e de vin
2344   Mil veissaus bons, chescun tut plein,
De sun tresor mil souz i mist;
E mil uvriers qu'il venir fist
Dë Egipte, bons labururs
2348   A tuz travauz e forz e durs.
Cest present fist, si l'envëat
En Jerusalem e mandat
A seint Modest, par sun escrit,
2352   Le present preist, tut fud petit.
L'escrit fud tel qu'il envëat
A seint Modest. Issi parlat:

2322 nuz p.   2335 pertes   2340 *rough cross in margin against this line*
2342 Su(*hole*)lum   2343 *long gap between* De *and* fer

'Vus, ki estes verrai uvrier
2356   En l'oevre Deu, jeo vus requier
Ne sëez pas esmeu vers mei
Qu'al temple Deu chose n'envei
Ki la seit digne d'envëer
2360   A tel oe[v]rainne restorer.
Mult vuldreie, bien m'en crëez,
S'esteie tels que la dunez
Estre peusse par avenant,
2364   Mesmes venir pur estre oevrant
En l'oevrainne de la meisun
De Seinte Resurrectïun,
Mes nepurquant, si la venir   *38ʳ*
2368   Ne puis pur faire mun desir,
Jeo vus requier ne m'en rettez,
Mes Jesu Crist pur mei prïez
Qu'en cel escrit peusse estre mis
2372   Dunt l'escripture pert tuz dis,
E boneurez tut tens serrunt
Ki laenz escrit estre porrunt.'
Tel iert le brief, tel le present.
2376   L'essample est bel ki bien l'entent.

Mult out seint Johan en sei biens;
Orguil haï sur tutes riens;
N'iert pas vestu de riches dras;
2380   Le lit u jut iert povre e bas;
Dessiré fud sun cuvertur;
De drap lange ne quist meillur;
Vil fud le drap, [e] vil fud tut
2384   Quanqu'iert el lit u se cuchout.
Ceo vit uns hoem de la cité
Qu'il se culchout en tel vilté.
Un cuvertur lui envëat
2388   Ki trente sis souz lui custat,
E lui mandat e mult requist

2356 Een   2362 Si tels esteie   2372 tut
2374 estre escrit *with inversion marked by double accents*

Que sur sei l'eust e s'en cuvrist,
E, pur memoire e pur amur
2392   De lui ki mult vout sun onur;
Nel vout seint Johan refuser
Quant cil l'enprist tant enprëer.
Par grant requeste que cil fist
2396   Pur lui paer a tart le prist.
Il s'en cuvri quant la nuit vint;
A meseise desuz se tint;
Senz dormir e senz repos iert   *38ᵛ*
2400   Tute l'ure qu'il fud cuvert,
Al dit de ces ki pres lui furent
E cum privez entur lui jurent;
De tute la nuit ne finat,
2404   A sei meisme tuz tens parlat.
Ceo de sei meisme en us aveit
Quë humble Johan se numeit.
    'Quels hoem,' ceo dist, 'orrat parler
2408   D'humble Johan senz repruver
Que cuvert seit de cuvertur
De trente sis souz de valur,
Quant ki sunt freres Jesu Crist
2412   Freit unt e lui pitié n'en prist?
    Tant ad ore de meseisiez
Ki, par ceo qu'il sunt engelez,
Batent de denz e tremblent tant
2416   Que tut sunt cum al murïant.
    Tant ad de ces ki culchié sunt
E ki plus d'une nate n'unt,
Dunt la meitié desuz eus gist,
2420   L'autre sur eus, e ne suffist
Tant qu'estendre peussent lur piez;
Curte est la nate, estreite e viez;
E dorment prient cum un luissel;
2424   Weimentent mult e funt grant doel.
Tant ad de ces ki sunt tut jeun,
Dorment as munz, luin de meisun,

2400 que iert c. *with* iil fud *written above in same hand*   2423 pᵢent

Senz lumiere, senz cuverture,
2428   E duble est lur malaventure,
Quant fors meisun moerent de freit,
E feim les tient trop en destreit.
        Tant ad de ces ki desirreient   *39ʳ*
2432   Fuille de cholet, s'il l'aveient,
E prendreient lur saülee
De fuille, tut fud degetee,
Dunt tant sunt rüé fors suvent
2436   De ma quisine e nuls nes prent.
        Tant ad de ces ki bien paé
Serreient si lur pein el broé
Peussent muiller, dunt cure n'unt
2440   Mes cheus ki ma vïande funt
Mes tut adés l'unt fors geté
Quant la vïande unt apresté.
        Tant ad de ces ki prent desir,
2444   Tant que l'udur peussent sentir,
Des vins ki sunt en mun celier;
Bien les porreit l'udur sacier.
        Tant pelerin sunt trespassant
2448   Ki par la cité vunt querant
D'aver ostel e, si devient,
Al marchié sunt en pluie e vent.
        Tant ad de ces ki un meis passé
2452   U plus n'unt puint d'oille gusté.
        Tant ad de ces ki remuier
N'unt de lur dras, mes le mestier
Uns meismes dras porter les feit,
2456   Quel tens que face, chaud u freit,
U seit yvern, u seit esté;
Mult sunt en grant cheitiveté.
        Des freres Jesu Crist plusurs
2460   Tel meseise unt e tels dulurs,
E vus, ki estes entendant
A la joie ki est si grant
Que tuz tens dure e ne prent fin,   *39ᵛ*
2464   Vus delitez de beivre vin,

E les gros pessuns devurez,
En voz chambres vus deportez;
Atant estes ore venu,
2468   Od tut le mal qu'en vus einz fu,
Que cuvertur sur vus avez
Ki trente sis souz est preisez.
Al veir dire, par vivre issi
2472   E par tels eises aver ci,
Pur nient atendrez joie aillurs
Quant tant ci vivez a reburs.
Mult feit a duter ceo que dist
2476   En l'ewangeile Jesu Crist
De tel riche hume a ki dit fu:
"Fiz, vus avez voz biens receu
En vostre vie, e povre gent
2480   De mal e meseise granment:
Il en sunt ore cunforté,
E vus en estes turmenté."
Beneit seit Deu! vus, cuvertur
2484   D'humble Johan, sëez seür
Qu'une autre nuit nel cuverrez:
Miez serrez aillurs enplëez.
Dreiz est, e plus en surdrat pru,
2488   E mieuz de Deu serrat receu,
Si de vus sul seient vestuz
Cent e quarante quatre nuz
Des povres freres Jesu Crist
2492   Ki pur eus reindre a mort se mist.
En eus qu'en mei miez serrez mis:
Mes seignurs sunt; jeo sui cheitifs.'
  Issi parlat quant dormir deut: *40ʳ*
2496   Tute la nuit repos n'en out.
La povre gent ne soelent pas
Estre vestuz de riches dras;
Vestuz furent de rachenaus,
2500   Issi truis numez lur drapeaus;
Asez furent de legier pris

2465 devurer *followed by space and* z   2480 De m. e. de m.g.

Kar uit deniers de cel païs
Sout dunc un rachenel custer:
2504 Ki n'out le pris asez fud chier,
Mes a celui ki deniers eust
Asez esteit legier le cust.
De sul cel riche cuvertur,
2508 Si vendu fust a sa valur,
Cent e quarante quatre nuz
Porreient bien estre vestuz
Sulum le pris que dunc valeient
2512 Les rachenaus, ki vil esteient.
    Seint Johan, tant tost cum fud jur,
Mes ne retint sun cuvertur,
Al marchié vendre l'envëat.
2516 Ki duné l'out la l'avisat,
Pur trente sis souz l'achatat;
La valur sout, tant i dunat.
A seint Johan present en fist;
2520 Mult le prëat qu'il s'en cuvrist.
Il le receut, mes plus attendre
Ne vout. Matin, le fist revendre.
Cil le revit e reachatat.
2524 A seint Johan le reenvëat.
Par treis eires issi feit fu,
Issi duné, issi vendu.
Quant ceo turnat cum a custume,   *40ᵛ*
2528 Dunc dist seint Johan al riche hume:
'Ore parrat ki veinterat
E ki primes defauderat,
Vus de duner u jeo de prendre,
2532 Vus d'achater u jeo de vendre.'
Li patrïarche bien saveit
Que cil d'aveir manant esteit;
Cum de vendenge fist de lui,
2536 Le soen tut süef lui toli,
Petit e petit de lui prist,

2502 païs] par *with part of* r *and several other letters totally erased,
then long space and* s   2526 e *inserted after* dune *above line, with
caret;* vendu *altered from some other word*

E bien mustrat pur quei le fist.
'L'um le porrat,' ceo dist, 'bien faire
2540 Senz mal u pechié sur sei traire,
Pur le povre prendre del riche,
Senz mal engin, que l'um nel triche.
Ki de la main al riche treit
2544 E de ceo bien al povre feit
Pecchié n'en ad, si cil s'asent
E l'agree de ki l'um prent.
L'um le porrad, par tel cuintise,
2548 Despuiler neis de la chemise —
Gent avere numëement
Ki pitié n'unt de povre gent.
A ceo faire siut duble pru —
2552 Li dunur en unt lur salu,
E kis atreit luier prendrat
En la joie ki fin n'en ad.
   Pur ceo que dit out averer
2556 Un essample prist a cunter
D'un Johan ki fud riches hoem
D'aveir, e de Jerusalem
Patrïarche iert, mes trop aver   41^r
2560 Kar miez vout prendre que duner,
E d'un evesche mult cuneu —
Seint Epiphaine numé fu.
Cist, par sun sens e sun saveir,
2564 Tant s'entremist del grant aveir
Que cil Johan out aüné
Que tut a povres fud duné.
De cel'estoire plus ne truis;
2568 Par tant escrivre plus n'en puis.

   Seint Johan soleit as soens dire
Ceo que ci feit bien a escrivre,
Kar al chapitle bien apent
2572 Ki fud escrit proceinement.

2540 p̊chie   2549 numieement(?) *with* i *oddly formed*
2558 Jerusulem

'Il out,' ceo dist, 'un bon sergant:
Tant cum en Cypre esteit manant
Ne fud oï tute sa vie
2576   Que de sun cors feist vilanie.
Desque cele ure qu'il murut
Verge hoem esteit e lëaus mult.
Quant jeo,' ceo dist, 'tel le saveie,
2580   En mun servise le teneie.
De ceo que dist asez cert fui,
Espruvé l'oi, par tant le crui.
        En Aufrikë iert ja manant
2584   Od un riche hume cil sergant.
Li riches hoem esteit toudnier,
Mult out cunquis par cel mestier,
Mes mult fud dur vers povre gent;
2588   D'eus bien faire ceo tint a nient.
Avint un jur que povre gent
S'assemblerent, cum funt suvent;
Al soleil sistrent, se chauferent,   *41ᵛ*
2592   E de lur bienfeiturs parlerent.
Lur bienfeiturs mult benesquirent;
Ces blamerent qui bien ne firent.
Que d'uns que d'autres tant parlerent
2596   Qu'al todnier vindrent, lui numerent.
A tant ad chescun d'autre enquis
Quels d'eus del todnier eust bien pris,
Mes nuls d'eus n'iert ki suvenist
2600   Qu'unkes almodne de lui preist.
Dunc dist un d'eus as autres tuz:
"Que me durrez, si tant sui pruz
Que bien cumquiere del todnier?"
2604   Tuz lui pramistrent sun luier.
Cil s'en turnat tant tost cum pout
Vers l'ostel — celui bien le sout;
Vint a la porte, la restut,
2608   L'ure atendi quant entrer deut.

2577 ure *inserted above line, with caret*   2578 Verge]ᵢ Uerz
2581 deist   2590 assem~blerēt   2598 eus oụṭ d. t.; p̄st
2607 la arestut

A l'ostel n'iert pas li todnier;
Cil attendi sun repeirer.
Atant revint de sun afaire:
2612 L'autre aparceut de sun repaire.
Cil vint od sa beste chargiee
De pain de segle a sa dignee.
Tant tost cum l'out li povre veu
2616 Pur lui encuntrer s'iert esmeu.
Ceo vuleit Deu que s'encuntrassent
E qu'a la porte ensemble entrassent.
Li povre a crïer cumençat
2620 Que ben lui feist, mult l'anguissat;
E li todnier a curucier,
Quist pierres dunt le peust rocher
Mes, quant pierre ne pout truver,   *42*
2624 Curut mein mettre a sun panier;
Un pein de segle hors sachat,
Aprés le povre le rüat.
Suppris l'out ire e maltalent.
2628 Le povre assenat malemènt
Mes, tut fust el vis assené,
N'en tint plai quant out tant guainé.
Il saut, le pein de segle prent,
2632 De curre od tut ne se fist lent.
A ses freres tut currant vint,
Le pein de segle en sa mein tint;
En veue de tuz le mustrat,
2636 Cument l'out cunquis lur cuntat.
   Tierz jur aprés enmaladi
Li todnier, e tant defailli
Que puint n'i out de guarisun,
2640 N'attendi rien si la mort nun.
Mes nepurquant il s'endormi:
Quant tut a mort esteit geï,
Treit fud cum en avisïun,
2644 E mult estreit mis a reisun.

2620 been   2628 *suffix* -ment *repeated in margin*   2632 fist] feuist
2637 *ordinary* T *majuscule but* .t. *in margin and a probable paragraph
sign to left of line*

De tut respundre l'estuveit;
Quanqu'en sa vie feit aveit,
Feust bone u male la feisance,
2648   Mettre la deut l'um en balance;
Le quel des dous plus pesereit
Trop dure soute en portereit.
Dous cumpainnies prestes furent
2652   Ki lëalment tut peser deurent.
Ne furent tuz d'une maniere,
Ne tuz ne furent d'une chiere.
Blanche fud l'une cumpainnie,   *42ᵛ*
2656   E l'autre neire cume suie.
Beaus ierent de la blanche part,
Mes mult furent de fier reguard.
L'autre fud neire a desmesure,
2660   En lui ne parut fors ordure;
Laide fud mult, e Mors semblerent
Ki de la cumpainnië ierent.
La blanche part al bien se tint,
2664   La neire al mal dunt trop i vint.
Al mal peser trop en i out;
Al bien mettre rien ne pesout.
Ki plus pesat, plus avalat;
2668   U rien n'i out, en haut muntat.
La blanche part dolente esteit
Que sa balance ne peseit.
Chescun enquist si rien i eust
2672   Que la balance traire peust.
"Cument?," ceo dist chescun a autre,
"N'avum nus rien que peussum mettre?"
Atant dist un d'eus: "Al veir dire,
2676   N'i ad chose qui peust suffire
Fors, ore a tierz jur nepurquant,
Qu'un pain de segle e nient avant
Dunat, mes nient de sun bon gré,
2680   Mes fist par tant qu'il iert irié."

2658 *erasure and gap after* fier   2663 tint] n *indistinct, the original attempt* (treit?) *partly erased*   2677 F. o. ad t.

Quant cil del bien out cuneu tant,
Treit fud le pain de segle avant;
Mis fud chaudpas en la balance
2684   Ki vuide iert de bone fesance.
Li pein de segle fud pesant
E la balance sachat tant
Que tut peserent üelment   *43ʳ*
2688   L'une e l'autre, e avant nïent.
Dunc dist la blanche cumpainnie:
"Vus ki gisez en agonie
Alez; desore vus penez
2692   Qu'al pein de segle treis mettez,
Si nun li Mor, ki tant laid sunt,
Senz rescusse vus saiserunt."
    Li todnier atant s'esveillat.
2696   Ne senti mal; sein se truvat.
Ceo qu'il out veu ne tint a sunge,
Mes tut iert veir e senz mençunge.
Quanqu'out mesfeit puis qu'il fud né,
2700   E ceo qu'il out neis ublïé,
Tut porterent li Mor avant,
N'en alerent rien cuncelant.
Quanqu'out de mal en sa fesance
2704   Tut porterent a la balance.
    "Allas," dist dunc, "si tant vers Deu
Tint un sul pein de segle lieu,
Que jeo gettai par deverie –
2708   Unkes pur Deu n'en dunai mie, –
Quel iert le pru que cil avrunt
Ki simplement le lur durrunt
Pur Deu amur e nient pur el?
2712   Rendu lur iert e bien e bel."
    Desdunc se changat li todnier,
E mult devint bon aumodnier.
Trestut changat puis sun afaire,
2716   Francs mult devint e deboneire.

2694 *first* s *of* rescusse *inserted above line*
2702 cuncelant *repeated in margin*   2707 gettei

Sun queor turnat vers povre gent;
Del soen lur dunat largement.
Tant les cheri, tant lur dunat,   *43ᵛ*
2720   Que neis sun cors n'esparnïat.
Il sout aprés aucune fie
Bien reguarder sa todnerie.
Un jur avint, a l'avesprer,
2724   Qu'esmeu s'esteit de la aler.
Entreveies, cum par semblant,
Uns hoem le veneit encuntrant,
E diseit qu'il fud marinier;
2728   D'aver sucurs out grant mestier;
De grant peril eschapé fu,
Mes quanqu'il out tut iert perdu.
Tut nu cum eissi de sa mere
2732   Vint al todnier sucurs requerre.
Estendu devant lui se mist,
Pur Deu le prëat quel vestist.
Li todnier iert adunc vestu
2736   De riche robe. Ne sai pru
Numer que c'iert mes 'esophoire';
Ne me nume mun essamplaire.
Ceo n'est ne latin ne franceis;
2740   Al mien espeir est ceo grezeis,
Mes n'en serrez par mei plus sage
Quant puint ne sai de cel language:
Ki vuldrat saver voist en Grece
2744   Mes, qu'en repeirt, ceo n'iert en piece,
Kar entre Grece e Engleterre
Mult ad jurnees, mult ad terre.
Mes de cel todnier tant vus di
2748   Que tut errant se desvesti
De tute la meillur vesture
Dunt iert vestu quant a cel' ure.
Del miez qu'il out se despuillat;   *44ʳ*
2752   Pur le nu vestir le dunat.

2734 *a cross against this line in the margin*   2737 N. q. c. i. Mes e.
2739 *Between* est *and* ne *a fairly thick* ⎰
2740 est] *the sign* ⎰ *is inserted in the small space between* espeir *and* ceo

Mult le prëat que s'en vestist;
Cil la receut, mes el en fist.
De tel robe user hunte aveit;
2756   Par tant vestir ne la vuleit;
Trop lui semblat la robe bone,
E sei teneit trop vil persone.
Il la livrat avant pur vendre,
2760   Mes quant li todnier la vit pendre,
Que des passanz peust estre veue,
Puis bargainee, aprés vendue,
A desmesure en iert dolent;
2764   De beivre u mangier n'out talent.
A l'ostel vint, sa chambre entrat,
Sur sei clost l'us, la demurat.
En la chambre tut sul s'asist,
2768   Mult i plurat, grant doel i fist,
E pensat que digne ne fust
Que li povre en memoire l'eust.
En ceste anguisse s'endormi
2772   E vit qu'uns hoem vint devant lui,
Beaus cum soleil quant luist cler.
Cruiz sur sun chief le vit porter,
E de la robe esteit vestu
2776   Que vestir deut li povre nu;
Il le numat par sun dreit nun,
E parlat en avisïun.
        "Doin Pierres," ceo lui dist, "que deit
2780   Que vus estes en tel desheit?
Pur quei plurés?" Cil entendi
Que ceo fud Deu, e respundi
Tut ausi cum Deu chalenger   *44ᵛ*
2784   E qu'od lui vousist desputer:
        "Sire," ceo dist, "jeo sui dolent
De ceo que funt la povre gent:
Quant nus dunum al busuinnus
2788   De ceo que vus dunez a nus,
Il le mettent en fi[e]bles us,

2781 Cil] sil

E jeo de ceo sui anguissus.''
    La persone, ki tant fud bele,
2792   Avant lui tendi la gunele
E mustrat lui qu'il iert vestu
De ceo que duné fud al nu
E, quant la robe lui mustrat,
2796   S'il la cunuist lui demandat.
    "Dites," ceo dist, "Cest cunuissez?
Ceste robe duné m'avez.
De vostre sucurs mult me sent,
2800   E pur ceo graces granz vus rend.
Pur poi ne fui tut mort de freit;
Vestu m'avez e mis en heit.''
    Atant s'esveillat li todnier,
2804   E mult s'en prist a merveillier
E dist que mult sunt boneurez
Ki povres sunt e meseisez.
Aprés ceo, dist estrange dit:
2808   "Par cele vie dunt Deu vit,
Si Jesu Crist, le mien seinnur,
Les povres tient en tel amur
Que povres est, e tant receit
2812   Les biens que l'um a povres feit,
Einz ne murrai e tels serrai,
E pur lui povre devendrai.''
    Dunc apelat un sun notaire   *45*
2816   Ki mult saveit de sun afaire.
A sei servir l'out achaté,
A lui mustrat sa priveté.
    "Ma priveté," ceo dist, "vus di.
2820   Guardez ne seiez si hardi
Que vus mun cunseil descuvrez
U que mun plesir ne facez,
Kar, si par vus sui descuvert
2824   U cuntredit, bien sëez cert
Que mes [jeo] ne vus retendrai,
Mes a estranges vus vendrai.''
    Dis livres dunc d'or lui dunat;
2828   Qu'eus enplëast le cumandat.

Il li diseit: "Cest or pernez;
En marchandise l'alüez;
Puis alez vers Jerusalem:
2832 Jeo vus siwrai cum serf e hoem.
Quant la vendrum, la me vendez,
Mes, al vendre, vus purvëez
Que ne me livrez a paen
2836 Mes a tel ki seit cristïen,
E quanque vus pur mei prendrez
As povres genz trestut dunez."
Quant tant out dit de cest afaire,
2840 Mult s'en espoentat li notaire.
De ceo faire tut refusat,
Dunt li todnier le maneçat,
Si ne feist sun cumandement,
2844 Que vendu serreit erraument
En la luintaine barbarie:
Mes n'en serreit nuvele oïe.
A tart s'assenti li notaire   *45ᵛ*
2848 Quant il oï si grief afaire.
Vers Jerusalem s'en turnat
E sun seignur od lui menat,
E, quant la vint, iloec truvat
2852 Un sun acuinte qu'il amat.
Zoile se numat, cil fevre esteit;
Uvrer en argent bien saveit.
En ariere fud bien manant
2856 Mes de nuvel iert mult perdant.
Ces dous acuintes s'encuntrerent;
En amur s'entresalüerent,
E lur aventures cunterent.
2860 Entre paroles dunt parlerent,
"Frere Zoile," dist li notaire,
"A vostre pru me devez creire:
Un serf ai bon, e vus bien frez
2864 Si par mun cunseil l'achatez.
Li serf est tels, ki nel savrat

2832 siwerai   2838 trestuz   2853 se] le

Semblant de prince en lui verrat."
Zoile a grant merveille teneit
2868 De ceo que cil tel serf aveit
E respundi: "Bien m'en crëez
Que tant ne sui d'aver eisez
Que jeo tel serf achater peusse.
2872 Bien l'achatasse si dunt eusse."
L'autre respunt: "Querez crëance,
Kar mult i frez bone fesance:
Deus en granz biens vus cresterat
2876 Par ceo que cil vus servirat.
Bons est li serf, e sa bunté
De bien vus frat aver plenté."
Zoile, par cunseil del notaire,   *46ʳ*
2880 Le pris del serf alat acreire
E trente souz pur lui dunat;
L'autre, kis prist, le serf livrat
Mes fieblement esteit vestu
2884 Qu'entercé ne fust ne cuneu.
Le notaire, quant vout partir,
Sa leauté vout par tut tenir.
Al todnier parlat, sun seignur;
2888 De quanqu'il pout le fist seür
Que rien del pris ne retendreit,
Mes tut a povres le durreit.
Tut ensement le rendi cert
2892 Que ja ne serreit descuvert
De cunseil u de priveté
Ki fust entre eus u eust esté.
Vers Constantinoble alat puis,
2896 Mes que devenist plus n'en truis.
    En servage fud li todnier:
N'iert pas tut tens en un mestier;
Servir de tut lui cuveneit
2900 Tant cum sun pöeir s'estendeit;
Ore en quisine le feu feist,
La vïande sun seignur queist;

2888 peust *with* pout *written above*

A ses dras laver puis iert mis,
2904 Dunt rien avant n'esteit apris.
Sur cest s'enprist a turmenter,
Numëement en mult juner.
La chose sun seignur bien creut
2908 E sis sires bien l'aparceut.
Deu lui dunat sa beneiçun;
Bien sout que cil fud acheisun.
Mult se fud suvent vergundé   *46ᵛ*
2912 Quant vit sa grant humilité,
E vertuz autres en lui vit
Qu'il ne teneit pas a petit:
Suvent vit qu'envïus suffri;
2916 Feru fud suvent e laidi.
Les serf[s] qu'il out en cumpainnie
Suvent lui firent vilainnie;
A fol le tindrent tut e desvé,
2920 E par tels nuns l'unt apelé.
Sis sires, ki l'out veu suffrir
Si granz ennuis, le vout franchir.
"Humble Pierres," ceo lui diseit,
2924 "Franchir vus vuil, e qu'issi seit
Que desore me sëez frere,
Pur le servise d'en ariere."
Mes cil n'i vuleit assentir;
2928 Le servage ne vout guerpir.
Tutes les fïes que les serfs
Venuz lui furent de travers
(De mal serf male cumpainnie)
2932 Tut tens iert prest a vilanie.
Quant trublé fud e mult laidi,
La nuit aprés, quant s'endormi,
Pur cunforter le i veneit cil
2936 Ki tant iert beaus cum li soleil,
E qu'en Affrike aveit ja veu
Quant sa robe dunat al nu.

2908 l'] se   2915 S. le out ueu q̄ e. s.   2919 tut e deeue
2929 les] *final* s *before* serfs *inserted above line*

A lui veneit cele persone,
2940   Vestue de la robe bone;
E, quant tele devant lui vint,
Les trente souz en sa mein tint
Ki de sa vente furent pris   *47^r*
2944   E tut en povres furent mis.
Cele en cumfort tut tens le mist
E treist en heit par ceo que dist:
"Frere Pierres, ne vus trublez
2948   De ceo que tant pur mei suffrez.
Receu vus ai, e vostre pris
Bien le vus ai en estui mis.
Guardez ne sëez trop esmeu:
2952   Suffrez que sëez aparceu."
Passat le tens aukes avant
E cil se tint adés suffrant.
Un jur avint que, del païs
2956   U cil esteit manant jadis,
Cum d'Affrike numëement,
A Jerusalem vindrent gent.
Venuz i furent pur urer
2960   E pur les seinz leus onurer.
Marchanz furent, argent vendirent,
E de cel mestier se guarirent.
Zoile, ki forgur fud d'argent,
2964   Tost s'iert aparceu de tel gent.
Il les requist d'od sei mangier,
Par acheisun de lur mestier:
Cil l'oïrent de sa requeste
2968   E vindrent a vïande preste.
Quant al mangier furent asis,
Les mes lur ad li todnier mis;
Il les servi, e tut errant
2972   Les cuneut, mes n'en fist semblant.
Tant ad venir, tant ad aler
Que cil l'enpristrent d'aviser,

2942 meint *with final* t *erased*   2949 *before* e *is* en *lightly struck out*
2973 T. al u. T. al a.   2974 *before* enpstrent *an erased letter*

E parlerent cum en l'oreille   *47ᵛ*
2976 Que cil kis serveit a merveille
Semblout doin Pierres le todnier
Par tant cum l'um pout cumgeter.
Li todnier, ki cest entendi,
2980 De quanqu'il pout sun vis cuvri.
Cil en mangant mult l'aviserent
Tant qu'a sun seignur en parlerent,
E sulum ceo qu'il entendeient:
2984 "Sire Zoile," ceo lui diseient,
"Tel chose nus est avenue
Qu'a grant merveille avum tenue.
Al veir dire, si mult deceu
2988 Ne sumes en ceo qu'avum veu,
Une persone od vus avez
Mes ki ceo seit vus nel savez:
De grant hautesce est descendue;
2992 Od vus est serve e vil tenue."
N'en furent pas uncore cert,
Par tant que cil s'iert mult cuvert;
Teint en quisine iert de suillure,
2996 Mult out par tant de cuverture,
E sun semblant out mult turné
En ceo quë aveit mult juné,
Mes nepurquant, quant lungement
3000 Avisé l'eurent e suvent,
Uns d'eus i dist, tut en oiance:
"Al veir dire, tut senz dutance,
Cist est doin Pierres li todnier.
3004 Pur lui tenir m'en vuil lever.
Trublez en est de grant maniere
Nostre sire li emperiere
Que rien de lui n'en ad oï   *48ʳ*
3008 Puis cele ure qu'il s'en parti."
Defors estut cil ki servi
E ceo que cil dist bien oï.

2976 kis cil *with accents marking inversion*
2981 *gap and erasure after* Cil   2982 sun *inserted above line, with caret*
3007 en ad oi *repeated in the margin*

Od tut le mes deveit entrer
3012   Quant il oï celui parler.
Ne vout l'escuiele mes tenir
Ne laenz entrer pur eus servir,
Mes de sa mein l'escuiele ostat,
3016   E vers la porte s'eslessat.
Cil ki de l'ostel sire esteit
Un merveillus portier aveit,
Kar il esteit e surd e mu —
3020   Tel out esté puis que nez fu.
Ki vout eissir, u vout entrer,
De sa maniere estut saver;
De ses signes e ses semblanz
3024   Estut que seussent les passanz.
    Li serf Deu en grant haste esteit;
Vint a la porte, eissir vuleit.
La porte iert close, e guarde en fu
3028   Li portier ki fud surd e mu.
Li serf Deu l'esguardat e dist:
"Jeo vus di en nun Jesu Crist."
A tant dire, chaudpas oï
3032   Li portier, e lui respundi:
"Sire, issi seit." Dunc dist regieres
A cel portier li serf Deu Pierres:
"Uvrez!" Atant, e nient plus dire,
3036   Respundi cil e dist: "Jeo, sire."
Quant tant out dit, chaudpas sailli
E senz targier la porte uvri.
Cil sailli fors, e li portier   48^v
3040   Enprist erranment a crïer:
A sun seignur vint tut curant,
A mult grant joie e bel semblant.
A sun entrer sur les manganz
3044   Ne fist mes signes ne semblanz,
Mes parlat tut delivrement
E, tuz oianz, cuntat cument

3040 *Before* erranment *a hyphen fills the space caused by an erasure*
3044 *earlier ending of* semblanz *erased and* z *added after long gap*

Il pout oïr, e qu'il pout dire,
3048   E ceo rehercer: "Sire! Sire!"
De cest afaire s'espoenterent
Tut cil ki dunc en l'ostel ierent,
Que cil oïr e parler pout
3052   Ki unkes des einz ceo ne sout.
Cil ki fud mu sa reisun prist
E, tuz oianz, parlat e dist:
    "Cil vint curant ki vus servi
3056   De la quisine e fors sailli,
Mes guardez qu'il ne seit fuï,
Kar un grant serf ad Deu en lui.
Quant vers la porte vint curant,
3060   A mei parlat, e dist sul tant:
'Je vus di en nun Jesu Crist'
E, tant tost cum il ceo me dist,
Fors de sa buche s'en eissi
3064   Une flambe ki s'estendi
E mes oreilles me tuchat;
Par tant ma santé duné m'ad:
Quant la flambe me vint tucher,
3068   Oïr tant tost poi e parler."
      Quant cest out cunté li portier,
Trestuz saillirent del mangier.
Pur celui querre tut eissirent,
3072   Mes del truver trestuz faillirent.
Ne fud truvé, n'i fud puis veu;
Qu'il devenist ne fud la seu.
Li serf ki vilté feit lui eurent
3076   De lur surfeit repentant furent,
E li sires mult iert dolent
Que trop l'aveit tenu vilment.
Numëement cil dolenz ierent
3080   Ki fol e desvé l'apelerent.'
    Cels sunt les cuntes seint Johan.
De tels cuntat suvent par an.
Tels cuntes sout suvent cunter

49ʳ

3057 ne ne *with second* ne *erased*

3084   Pur essample de bien duner.
        Ne lui pout estre suffisant
        Le bien dunt en sei aveit tant,
        Cum hume ki fud de tel vie
3088   Ki de tuz biens iert replenie,
        Mes a tut ceo sout ajuster,
        De ceo qu'il eust oï cunter,
        Cuntes ki profiter pourent
3092   Que lëal gent cunté lui eurent.
        Quant il cest cunte aveit cunté
        Del soen i ad tant ajusté:
            'Si cil qui furent en ariere
3096   Se porterent de tel maniere
        Que sei meismes n'esparnïerent,
        Mes lur char e lur sanc livrerent
        A lur freres pur Jesu Crist,
3100   Mes pur miez dire a Jesu Crist,
        Cument nus devum nus pener
        D'aumodne faire e de duner,
        Des biens que Deu nus ad presté,   *49ᵛ*
3104   Od heit e od humilité
        A Jesu Crist, e a ses povres,
        Ki tant en gré receit tels oevres!
        Del nostre lur devum duner,
3108   Que nus en peussum soute aver
        E receivre nostre luier
        De Deu, ki tant est dreiturier,
        Quant l'ure vendrat e le jur,
3112   Dunt tuz devum aver poür,
        Quant a chescun rendu serrat
        Sulum ceo que ci feit avrat.
        Ki poi seme poi cuillerat
3116   E kin beneiçuns semerat —
        C'est a dire large serrat
        E de bon queor le soen durrat —
        Quant vi[e]nt al cuillir prendrat mult.

3100 Jesu] ih'u   3110 dreturier *with* i *inserted above line, with caret*
3116 ki en b.

3120 Ceo feit entendre, e c'est le tut,
   Que ceo prendrat en eritage
   Dunt ne porrat aver damage,
   E si granz biens devrat aver
3124 Que queor d'hume nes poet penser.'

    Mult sout seint Johan volentiers
   Enquerre de bons aumodniers
   E de bons peres ancïens
3128 Ki volentiers feseient biens.
   Asis s'iert un jur a leçun,
   E leut de seint Serapïun,
   Mes il ne tint pas a petit
3132 Ceo que de lui truvat escrit.
   Prud hoem esteit Serapïun
   E mult de grant religïun.
   Ses feiz funt briefment a escrire   *50^r*
3136 Par tant que mult funt bien a lire:
   De ceo qu'il fist c'en est la summe.
    Un jour encuntrat un povre hume
   Ki de bien faire le prëat.
3140 Cil sun afublail lui dunat.
   Alat avant, un autre vint,
   Pur lui bien faire le retint.
   Li prudhoem vit que cil out freit:
3144 Pitié l'en prist, sa cote ad treit,
   Il la dunat, e cil la prist,
   E li prudhoem tut nu remist.
   Il out un livre e cel teneit,
3148 U l'ewangeile escrit esteit.
   Atant survint uns hoem passant
   Ki vit celui tut nu sëant.
   Cil ad enquis e demandé:
3152 'Pere, ki vus ad despuillé?'
   L'autre sun livre lui mustrat

3120 Ceo feit a e. 3127 pieres
3133 PRud *probably, but not very distinct*
3143 vit *inserted above line, with caret*
3152 Pіere, *with the* i *also largely erased*

E dist lui: 'Cist despuillé m'ad.'
Cel euvangeille puis vendi,
3156   Quant autre chose lui failli;
A povres dunat tut le pris.
Ore ne lui fud rien remis.
Sun disciple n'iert pas od lui
3160   Quant l'euvangeile issi vendi.
Cil, quant revint, tint a merveille
Que fust devenu l'euvangeile.
Il demandat sun meistre e dist:
3164   'U est l'euvangeile Jesu Crist?'
'Beal fiz,' dist cil, 'bien m'en crëez
Que ceo que dit m'ad: "Tut vendez
Quanque vus avez, e dunez   50^v
3168   Tut a povres e meseisez,"
Cel ai vendu, cel ai duné
A povres cum fui cumandé.
Nostre afïance en iert greinnur
3172   Vers Damnedeu, Nostre Seignur;
Quant vendrat le jur de juïse,
La prendrat chescun sun servise.'
    Un autre jur aillurs alat
3176   Tant qu'entreveies encuntrat
Une vedve ki povre esteit
E de sucurs le requereit.
Ele out enfanz, tuz povres furent,
3180   E de vïande grant faute eurent.
Serapïun lur vout aider,
Mes ne lur aveit que duner.
Dunt fist merveille. Il [se] fist vendre,
3184   E fist la vedve sun foer prendre.
En mein a lechurs fud livré:
Tel gent l'aveient achaté.
De Grece furent, tuz paens,
3188   Mes il les fist tuz cristïens.
    Quant seint Johan aveit leu cest,
Mult lui furent les lermes prest.

3177 Vne poure u., *with* poure *underlined*

A grant merveille ceo teneit
3192 Que seint Serapïun out feit;
Esbaï fud de la cuintise
Par ki tel chose aveit enprise.
Tuz ses despensiers fist venir;
3196 La merveille deurent oïr.
Tute lur leut cele leçun
Ki fud de seint Serapïun.
Quant cil aveient tut oï,   51^r
3200 Dunc lur dist: 'Allas, Deu ami,
Qu'ateint ci parler e retraire
Ceo que ja firent li seint pere?
Bien m'en crëez, grant esperance
3204 Oi, desque ça, de ma fesance;
Faire quidoue que que fust,
Desqu'a ceste ure, qu'a Deu pleust
Par l'aveir a povres duner
3208 Que jeo lur oes puis purchacer,
E ne soi pas que tels genz fussent,
Ki tel pitié de povres eussent
Que sei meisme[s] pur eus vendissent,
3212 E ki de sei plus ne tenissent.

Genz amat de religïun
Seint Johan, e moines par nun.
Il sout tuz ces mult onurer
3216 Qu'habit de moine vit porter.
Quant il vit moine laburer,
Mult grant pitié en sout aver,
Numëement quant tant eust veu
3220 Que sun labur turnast a pru.
Sur tute rien purveu s'esteit
Qu'encusur ja n'escutereit
Cuntre moine, qui quë il fust,
3224 Mes que sul l'habit sur sei eust:
Fust veir, fust faus ceo que dit fust,

3208 Q. i a lur o.   3218 en *inserted above line*
3223 *erasure between* q̇ *and* que

Ja mal de moine ne receust;
E ceo n'iert pas senz acheisun,
3228   E vus en oëz la reisun.
Aucune fie lui avint
Tel chose dunt mult lui suvint,
De cunseil e d'acusement   *51ᵛ*
3232   Que feit lui eurent male gent,
Dunt il cumandat faire tant
Que tuz tens puis fud repentant.
      D'un moine surst un grant escandre
3236   En la grant cité d'Alisandre.
Cil moine vint en la cité,
Mes mult cuntre ordre s'iert porté.
Une meschine od sei menat,
3240   Par la cité lur pein prëat
Dë us en us, de rue en rue:
Issi la menat tut a veue.
Parole en surst e grant escandre
3244   E curut par tut[e] Alisandre.
Mult en parlerent ki ceo virent.
Pur un, de tuz lur gabeis firent.
Asez fud dit: 'Vëez le moine
3248   Ki par peïs sa femme meine.'
Ne pourent quider qu'el i eust
Mes que ceo: femme al moine fust.
Ceste parole tant notee
3252   Al patrïarche fud portee;
Del moine lui vint la querele,
Cum de chose que n'iert pas bele.
Ki pur ceo dire a lui veneient
3256   Par tels paroles lui diseient:
'Beal sire, ki Deu tant onure,
Que deit que vus ne pernez cure
De cel moine ki, tut a veue,
3260   Ad une femme meintenue
E la meine par la cité,

3235 vn *inserted above line after* surst, *with dot to mark the omission*
3241 rue *repeated in margin*   3247 V. la le m.

Dunt feit a l'ordre grant vilté.'
Li patrïarche mult haï   *52^r*
3264   La vilanie, quant l'oï.
Pur tenir reddur de justise
Vout que vengance fud d'eus prise,
Cum cil ki pur ceo mis esteit,
3268   Que quanque cuntre Deu fust feit
Amender deust, e chastïer
Les meins sage[s]; c'iert sun mestier.
Sicum apent en tel uvraine,
3272   Quant semblant ad que seit vilaine,
Le muine sevrat de s'amie,
Que mes ne l'eust en cumpainie;
E cumandat que tute nue
3276   Fust la meschine bien batue,
Le moine fust discipliné,
Aprés ceo fust enprisuné.
Quant l'out cumandé, tost feit fu;
3280   Li un e li autre fud batu.
Passat le jur e vint la nuit;
Ceo que feit fud n'iert fors deduit.
Quant seint Johan la nuit dormi,
3284   Li moine, ki fud mult laidi,
Cum si veilast lui aparut
Quant en repos miez estre deut.
Sun dos mustrat a descuvert,
3288   De la bature tut uvert;
Tut parut plein de pureture,
Trop fud la discipline dure.
Ki batu l'eurent e laidi
3292   Eurent de lui povre merci.
Al mustrer lui dist: 'Issi est,
Doin patrïarche; plest vus cest?
Ceste une fie avez mespris;   *52^v*
3296   Cum hume en errur estes mis.'
Ne lui dist plus, mes s'en turnat,

3264 vilainie   3270 se iert   3282 fors *repeated in margin*
3297 plus] plust

E cil ki dormi s'esveillat.
Passat la nuit, le matin vint;
3300   Al patrïarche bien suvint
De ceo qu'il aveit la nuit veu.
Sur sun lit sist, e murne fu.
Puis cumandat sun chancelier
3304   Que tost alast e, senz targier,
Hors de prisun le moine meist,
E devant sei venir le feist.
Tel fud a l'ure sun penser
3308   Que le moine vuleit vëer
Si il semblast celui u nun
Ki lui vint en avisïun.
A grant peine lui fud mené,
3312   Kar malement s'ert demené;
Pur les plaies, dunt tant en out,
A grant peine muver se pout.
Seint Johan sëeit sur sun lit;
3316   Li moine vint e, quant le vit,
Neis un sul mot ne pout suner:
Bien le cuneut a l'aviser;
Bien s'aparceut que tut tel fu
3320   Cil ki la nuit lui iert paru.
Tant se tint mat que rien ne dist,
Mes de sa mein signe lui fist
Que pres de sei seist sur sun lit.
3324   Le feit ne prist pas a petit.
A chief de pose, quant tart fu
Quë a sei meisme iert revenu,
Primes se signat, puis requist   53ʳ
3328   Le moine qu'il se suzcein[si]st
D'un linge drap, e s'en cuvrist,
Desuz ses dras bien ferm le meist
Que sa nature ne fust nue,
3332   Dunt il eust hunte si fust veue.
Puis le requist qu'il deust oster
Tut sun habit senz hunte aver:

3304 e] eɽ   3320 aparu

Ceo fist pur vëer sun dos nu,
3336   Si tels fud cum l'out la nuit veu.
Mult fud de cest requis li moine,
Mes ne s'asenti fors a peine.
Quant sun habit aveit osté,
3340   Que sul sun dos i fust mustré,
Par Deu ki mustrat sa vertu
Li linge drap, dunt suceint fu
E dunt bien cuvrir se quidat,
3344   Senz mein mettre se desnüat,
Ne sai cument; aval chaï
E le moine tut descuvri.
Li patrïarche a cele fie
3348   Ne fud pas la senz cumpainie.
Tuit cil ki laenz a l'ure furent
Del moine nu bien s'aparceurent
Que de ses menbres iert desfeit,
3352   Mes tel esteit de nuvel feit;
Par tant ne fud pas parisant
Defors uncore en sun semblant
Que tels fust cum tuz l'eurent veu,
3356   Mes Deu le vout qu'issi fust seu.
Veu fud de tuz apertement,
Meis seint Johan numëement
Plus qu'aillurs guardat vers le dos;   *53ᵛ*
3360   Trop laidement le vit desclos.
Bien s'aparceut que la bature
Trop iert grevuse e senz mesure,
Dunt il cumandat tut errant
3364   Que cil ki l'eurent laidi tant
Hors de cumune feussent mis,
Kar trop aveient sur sei pris.
Vers le moine puis se turnat
3368   E sa reisun bien lui mustrat,
Que tut out feit par ignorance
Que prendre fist de lui vengance.
Asez culpable se rendi,

3343 bien *inserted above line, with dot to mark omission*

3372 Que cuntre Deu, que cuntre lui.
Mult out mespris, mult out mesfeit,
E sun pechié mult cunuisseit.
Aprés l'enprist d'amonester:
3376 'Beal fiz,' ceo dist, 's'estoet guarder
Ces ki portent habit de moine
Dunt de mesfaire; est grant essoine
Que se portent honestement,
3380 En tels citez numëement,
E surquetut femme mener —
Dunt grant escandre poet munter —
Ne deivent pas par le païs.
3384 Tost en poet estre trop mespris.'
Li moine a ceo lui respundi,
E sa reisun bien lui rendi:
'Sire,' ceo dist mult humblement,
3388 'Bien me crëez, kar ne vus ment.
N'ad gueres jeo a Gazre esteie
E, quant de la partir vuleie,
A seint Cyr l'abbé voil aler,   *54^r*
3392 Pur lui vëer e salüer.
Le plus del jur iert ja passé
Quant m'en eissi de la cité.
De l'avesprer bien pres esteit
3396 Quant vers cel abbé me fui treit.
Cele meschine atant survint;
A terre se mist, mes piez tint;
De sei partir ne me lessat,
3400 Mes mult requist, mult m'anguissat,
Qu'od mei la preisse en cumpainie,
E que par mei ne fust guerpie.
Juevë esteit, ceo me diseit,
3404 E cristïene estre vuleit.
De cest m'en prist a cunjurer,
Quant vers lui m'en voil escuser,
E me diseit que me guardasse

3374 cuneuisseit   3376 s'] ceo   3389 g. que ieo   3391 A s. tyr
3393 *erasure before* iert, *possibly* s

3408 E que perir ne la lessasse.
A cest dire grant hisdur oi
Tant qu'escundire ne lui poi.
Hisdur me prist del Deu juïse,
3412 Cum de suffrir grieve justise
Si ceo venist que fust perie;
Par tant la pris en cumpainnie.
Ne soi pas quë hume espaé
3416 Peust de sa char estre tempté;
Ne quidai que diable tant feist
Que temptacïun en mei meist,
Mes ore sai sa felunie
3420 E qu'il nul hume n'esparnie.
A seint Cyr l'abbé m'en alai,
E la meschine od mei menai,
E quant ensemble la venimes
3424 Noz ureisuns ensemble i feimes.
Vëant seint Cyr, la baptizai
E puis cele ure mené l'ai.
Tut simplement sui puis alé;
3428 Sun estuver ai demandé,
Kar tant vuleie purchacer
Dunt mise fust en un mustier:
Mettre la voil pur Deu servir,
3432 E puis atant de lui partir.
Bien out seint Johan escuté
Ceo que li moine aveit cunté,
E dist: 'Allas, tant ad serfs Deus
3436 E tant privez en plusurs lieus
Ki l'onurent e servent bien,
Dunt nus cheitifs ne savum rien!'
Dunc a primes ad avant mis
3440 Ceo que la nuit lui fud avis,
Cument le moine esteit venu
E mustrat ceo qu'il iert batu.
Seint Johan offri de sa mein
3444 Cent souz al moine, mes en vein:

54v

3413 S. c. auenist   3421 A s. tyr

Prendre n'en vout neis un denier,
Mes ne feit pas a ublïer
Ceo que li moine respundi
3448 Quant seint Johan cent souz tendi.
'Sire,' ceo dist, e dist mult bien,
'De cest ne vus demand jeo rien.
Moine ki est de bone fei
3452 Ne trait puint de tel chose a sei,
E moine ki cest trait a sei
Bien proeve qu'il n'ad puint de fei.
Mestier n'en ad, n'aver ne deit,   *55^r*
3456 Moine ki de bone fei creit.'
Tuit cil ki cest del moine oïrent
De sa bunté mult entendirent.
Li moine atant s'esgenuillat,
3460 Sun cungié prist, e s'en alat.
Li patrïarche puis cele ure
De moines perneit meillur cure,
Kar plus asez les onurat,
3464 Plus les receut e herbergat:
U bons u mals feussent tenu,
Trestuz lui furent bien venu.
Pur moines fist un ostel faire.
3468 La vout que tuz se deussent traire.
Pur moines eiser l'aturnat;
'Recet a moines' l'apelat.

En Alisandre la cité
3472 Avint une mortalité;
Riches e povres i mururent;
Quant de mes vivre respit n'eurent,
Li patrïarche as cors veneit,
3476 Les aumes a Deu cumandeit;
Mult sout aviser les cors nuz
E puis, quant fussent encusuz,
Ceo suvent vëer, a sun dit,

3449 e] *majuscule*   3460 i *of* cungié *inserted above line, with caret*
3474 de *inserted above line*

3480 Mult sout turner a grant profit,
      E grant pru sout, ceo dist, venir
      De vëer cors ensevel[i]r.
      Quant hume fust en agonie,
3484 Cum a partir de ceste vie,
      Bien pres de lui sout asëer
      Pur le travail bien esguarder
      E les anguisses que gent unt   55ᵛ
3488 Quant de cest siecle a l'autre vunt.
      Les uilz as morz clost de ses meins,
      Kar piteus fud e mult humeins.
      Memoire de sa fin aver
3492 Vout par ceo faire e ceo vëer.
      Mult cumandat faire cuilleites
      E qu'audmodnes en fussent feites
      E pur les morz fussent dunees,
3496 Senz ceo que fussent delaees.
      Eslegement a l'ure en unt
      Les aumes ki en peines sunt.
      Pur cest, que veir fust, miez pruver
3500 Tel essample soleit cunter:
          'N'out gueres,' ceo dist a cele ure,
      'Qu'avint une tele aventure,
      Qu'uns hoem fud pris e enmené
3504 En Perse e la enprisuné.
      Enmené la fud cum cheitifs.
      Dure iert la prisun u fud mis.
      Lethés out nun, c'est ublïance:
3508 Li moz ad tel signifïance.
      La prisun fud [is]si numee
      Par tant qu'ele iert desmesuree.
      Ki laenz fust mis n'eust ja merci
3512 Mes tut fud mis cum en ubli.
      D'autres i out en Perse asez,
      Cum serfs e cheitifs la menez.

3482 enseveler *with last* e *largely erased, but* i *not inserted despite dot
in margin*   3495 dunees] *final* -es *repeated in margin*
3504 *final* -sune *repeated less clearly in margin*   3505 En-mene
3508 Li morz; telẹ

Asquanz de ces s'en [es]chaperent
3516 E vers lur païs repeirerent;
De Perse en Cypre s'en fuïrent
Kar li Persan trop mal lur firent.
Les parenz celui qui fud pris,   *56^r*
3520 Mis en prisun e la remis,
Ces ki vindrent areisunerent
E de lur cusin demanderent.
Cil respunderunt que veu l'eurent
3524 Mes morz esteit; tut cert en furent;
Enterré l'eurent de lur meins,
Par tant en furent plus certeins.
Le meis e le jur lur unt dit
3528 Quant deveit estre sun obit;
Cest cunterent, mes il faillirent.
Un mort nepurquant enfuïrent
Ki mult semblat celui de vis
3532 Ki fud en Perse en prisun mis.
Les parenz celui, quant oïrent
Que morz esteit, cum pur mort firent:
Quant nel pourent en vie aver,
3536 S'aume ne voudrent ublïer.
Pur lui succurre de lur pristrent;
Ki plus, ki meins, ensemble mistrent;
Ensemble firent tut cuillir
3540 E puis pur l'aume tut partir.
Lur parent voudrent delivrer
Par aumodnes de lur duner.
Treis feiz par an issi le firent
3544 Pur lur cusin qu'il mult cherirent.
Aprés quatre anz cil eschapat
De la prisun e repeirat.
De Perse en Cypre vint fuiant:
3548 Grevé l'out mult que la fud tant.
Quant a ses parenz iert venu,
E cil le virent que vif fu,
A grant merveille le teneient,   *56^v*

3517 enfuierent   3527 Les m.   3530 enfuierent

3552 E a lui meismes en diseient:
"De vus, beal frere, fud cunté
E dit cum tut en verité
Que morz fustes, e nus en terre
3556 Vostre memoire en feimes faire.
Treis feiz par an aumodnes feimes;
En povres genz pur vus les meimes."
Quant cil entendi cel afaire,
3560 Que feit aveient sa memoire,
Saver vuleit en quel seisun
Feit eussent pur lui parteisun.
Cil diseient quë a grant feste,
3564 Theophaine, Pasche e Pentecuste,
En tel seisun pur lui feit eurent
Del lur, sulum ceo qu'eisé furent.
Atant dist cil ki ceo out enquis:
3568 "Quant pris fui e en prisun mis,
Treis feiz par an en tel seisun
Delivre esteie de prisun.
Uns hoem a l'ure a mei veneit;
3572 Clers cum soleil e beaus esteit.
Lïens de fer, dunt mult aveie
E dunt trop ferm tenuz esteie,
Ne sai cument se descloërent.
3576 Quant cil vint, mes ne me greverent.
Ces jurz alai, ces jurz me mui,
E tut senz guarde ces jurz fui;
Ki que me veist ne me cuneut;
3580 A cele ure ne soi que deut,
Mes le matin refui truvé
Sicum des einz de fer lïé." '
A parcunter de ceste chose   57^r
3584 Seint Johan i mist tel parclose:
'Cest afaire nus aseüre,
De ces ki morz sunt, qu'a cele ure
Qu'aumodnes sunt pur eus dunees,
3588 Lur aumes ki sunt encumbrees
E ki en purgatoire sunt
De peine suffrir releis unt.'

    Des apostles escrit truvum

3592   En un livre que d'eus lisum,
    C'est 'Actus Apostolorum' —
    De lur feiz issi le numum.
    Mult de lur feiz i sunt escrit,

3596   E cil meismes nus mustre e dit
    Qu'asez de ces qu'il cunvertirent
    Terres, meisuns, chatels vendirent;
    As apostles le pris porterent.

3600   Cil le receurent e livrerent
    A chescun tant cum mestier out:
    Nuls d'eus avant prendre n'en vout.
    A seint Johan avint suvent

3604   Que l'um lui feseit ensement.
    Plusurs ki virent sa maniere —
    Que tant dunat a bele chiere,
    E tel pitié de povres out

3608   Que tut lur dunat quanqu'il pout —
    A bien faire furent esmeu;
    E ceo suvent iert avenu.
    Entre plusurs i out de tels

3612   Ki vendirent de lur chatels;
    A seint Johan le pris porterent;
    Pur despendre le lui livrerent.
    De lui n'iert nule suspeçun   *57ᵛ*

3616   Qu'aillurs le meist, si en bien nun.
      A lui vint uns hoem une fie
    Od set livres d'or e demie.
    Ces lui offri, e bien diseit

3620   Qu'avant de ceo mes or n'aveit.
    Puis le requist a genuilluns
    Qu'il receust en ses ureisuns
    Un sun chier fiz, kar plus n'aveit,

3624   E cil de quinze anz d'aage esteit.
    Mult le requist que Deu prëast
    Que, quant plus n'out, cel sul sauvast.
    Il le requist uncore plus

3625 preat *thinly underlined and* requist *written above*

3628 De sa nef, dunt iert curïus,
   Ki de chatels bien fud chargee
   E vers Affrike esteit siglee,
   Que Deu prëast que guarde en preist
3632 E sauvement venir la feist.
   Li patrïarche en gre l'or prist
   Quant cil en sa palme le mist,
   E de l'hume s'esmerveillat
3636 Quant de si grant queor le truvat
   Que tut sun or lui pout offrir,
   Senz a sun oes rien retenir.
   Seint Johan pur lui Deu prëat;
3640 Aprés ceo partir le lessat.
   Pur la grant fei qu'il vit en lui
   Cel or lïé mist en estui
   En sa chapele suz l'autel,
3644 Ne sai cument le meist plus bel.
   Sun lit en la chapele aveit;
   Iloec urout, iloec dormeit.
    A ceo que l'or la en sauf mist,   *58*
3648 Mult prëat Deu, mult le requist,
   Que gueredun a l'hume feist,
   E que de sun fiz guarde preist,
   Sa nef remenast sauvement:
3652 De cest requist Deu lungement
   E mult de queor a grant entente.
   Passerent jurz puis meins de trente;
   Le fiz celui ki l'or offri
3656 Cum a la mort enmaladi;
   Ne pout eschaper od la vie
   Mes murut de la maladie.
   Tierz jur aprés la mort celui,
3660 Dunt sun pere out trop grant ennui,
   Sur mal vint mal, e grief sur grief,
   Kar d'Affrike revint la nef,
   Sun frere germein la guïat;

3632 sauueement
3647 *indicator* .a. *written above the coloured capital*

3664 Pleine de bien[s] la remenat
     Mes, quant la nef pres del Far vint
     Ki desque la sun curs bien tint,
     La perillat, ne sai cument,
3668 E tut l'aveir devint a nient.
     Hors fud geté quanque laenz out;
     Li maistre autre cunseil n'i sout.
     Li marinier sul eschaperent
3672 Od la nef vuide — tant sauverent.
     Tut l'autre aveir iert si perdu
     Que rien n'en pout venir a pru.
     Li pere al vadlet ki fud mort
3676 E fud uncore senz cumfort,
     E sire fud de cele nef,
     Quant lui fud cunté de cest grief   *58ᵛ*
     Pur poi que de doel ne murut,
3680 Quant il n'out perdu meins que tut,
     Kar primes out perdu sun eir
     E puis aprés tut sun aveir.
     Quant ceste chose tant sudee
3684 Al patrïarche fud cuntee,
     Pur poi que plus dolenz n'en fu
     Que cil ki tut aveit perdu;
     E pur le fiz numëement
3688 Plus que pur el esteit dolent,
     Kar fiz fors lui sul n'out cil plus,
     Par tant en fud plus anguissus.
     N'en sout li seint hoem miez que faire
3692 Fors Damnedeu de queor requerre
     Qu'il pur sa grace reguardast
     Cel hume e qu'il le cumfortast.
     Pur hunte nel pout apeler,
3696 Ne buche a buche cumforter,
     Mes nepurquant lui mandat bien
     Que desperé ne fust de rien;
     Ne l'out Deu feit senz acheisun

3670 Li autre maistre *with sloping lines to mark inversion*
3679 de] dọe; ne] ɱe

3700	Ki tutes riens feit par reisun.
	Sun jugement est dreiturier
	Quant ceo feit dunt avum mestier;
	Bien nus purveit, tut nel saçum
3704	E que sa reisun n'entendum.
	Nel vout Deu que cil fust perdant
	De l'or dunt aveit duné tant,
	Cum de set livres e demie,
3708	Dunt plus n'aveit a cele fie,
	Ne que se tenist a deceu
	De la fïance qu'il out eu
	Al patrïarche k'il tant creut
3712	Que tut le miez de quanqu'il out
	Lui cumandat, cum a guarder
	Que sauf lui fust par Deu prëer.
	Autre reisun uncore i out
3716	Dunt Damnedeu guarnir nus vout
	Que, quant de rien sumes tempté
	Dunt devum estre cuntristé,
	Quant quanque seit bien feit avrum,
3720	Trubler del mal ne nus devum,
	Mes Damnedeu de tut loër
	E ferm en sun servise ester.
	Aprés cele mesaventure
3724	Passat le jur. Nuit vint e l'ure
	Que genz cucherent; cil cuchat
	Ki les damages encuntrat;
	Fust tost, fust tart, dormir l'estut.
3728	Uns hoem a tant lui aparut
	Ki, de visage e de vesture
	E de semblant e de porture,
	Tels cum li patrïarche esteit,
3732	E cil pur tel le cunuisseit.
	La semblance ki se mustrat
	Vers le dormant issi parlat:
	'Frere, pur quei vus trublez tant,
3736	E vus alez aduluisant?

59^r

3711 ki il

Dun ne m'avïez vus requis
De Deu prëer, e jeo si fis,
Pur vostre fiz que sauf le feist?
3740   Il est sauf kar, sï il remeist
En ceste vie, fel serreit;
Hume ord e malveis devendreit;
Mes ore ad Deu de lui merci,   *59ᵛ*
3744   Par tant qu'il est de ci ravi.
E, de vostre nef, vus redi
Que dune[e] fud tut de fi
La sentence que perir deut
3748   La nef, les humes, l'aveir tut.
Mes, par tant que Deu bien päastes
En ceo que par [ma] main dunastes,
Vostre frere e sa cumpainnie
3752   Sauvé vus sunt, e sunt en vie,
E vostre nef vus est sauvee,
Fors que vuide est e deschargee.
Levez desore, e Deu loëz
3756   Que vostre frere en vie avez,
E pur vostre fiz ensement
Ki s'en est parti nettement,
Senz ceo que rien eust atasté
3760   Del siecle e de sa vanité.'
    Quant tant out dit cil ki parlat,
L'autre ki dormi s'esveillat.
Tut iert autre que n'out esté;
3764   Tut fud legier e tut heité;
Puint de dulur el queor n'aveit,
Mes cumforté del tut esteit.
Il levat sus, si se vesti,
3768   Quant en sun queor tel heit senti.
Al patrïarche vint curant,
As piez lui chaï tut errant;
Que Deu, que lui, mult mercïat,
3772   E ceo qu'il out veu lui cuntat,
Dunt seint Johan tant fud joius

3737 auez, *with caret, and* i *superscript*

Cum einz dolenz e anguissus.

A Deu granz graces en rendi *60ʳ*

3776 De ki cumfort mult se senti.

'Deu,' ceo diseit, 'plein de pitié,

Tuz tens sëez glorifïé.

Vostre grant misericorde

3780 Od benignité tant s'acorde

Que neis a pechurs entendez

E lur busuignes achevez.'

Vers l'hume turnat puis e dist,

3784 Kar sur sei rien de ceo ne prist:

'Beal fiz, de cest n'est rien pur mei,

Mes feit l'ad Deu pur vostre fei.

N'ai puint en mei de si grant grace,

3788 Par quei rien de tel chose face.

De bone fei venu vus est

Que Damnedeu vus ad feit cest:

Nel mettez pas sur ma prëere

3792 Quant vostre fei le pout cunquerre.'

Li patrïarche ceo diseit

Kar tuz tens humble se teneit,

E fud hume de grant cuintise,

3796 E de parole bien asise.

Seint Johan out un lieu amé:

Cesarïum esteit numé.

Il out en cel lieu feit lever

3800 Meisuns lunges feites d'espoer.

En ces meisuns fist faire liz

Pur povres genz de bon planchiz.

Les liz que furent aturnez

3804 Que li povre fussent eisez,

Senz litiere ne furent pas;

E cuverturs e autres dras

Asez i out, pur chaud cuvrir *60ᵛ*

3808 Ces ki sure deurent gisir.

Les povres en ces liz cuchier

Feseit pur le fort freit yver.
La sout bien suvent repeirer
3812 E les meseisez reguarder.
Il i alat aucune fie,
E menat en sa cumpainnie
Un evesche riche e manant,
3816 Mes estreit iert e trop tenant.
Li patrïarche le menat
E par sun nun l'areisunat:
'Beal frere Troile,' ceo lui dist,
3820 'Amez les freres Jesu Crist,
Pensez d'eus tenir en onur
E bien faire pur Deu amur.'
Li patrïarche ceo diseit
3824 Pur ceo que cunté lui esteit
Que cil evesche a cele fie
Fist porter en sa cumpainnie
De fin or par un soen sergant,
3828 Bien a trente livres muntant.
Li sergant sout sa priveté,
Ki tut cel or out la porté,
Qu'un beaubelet de fin argent
3832 Ki bien fust uvré subtilment
En fust achaté pur ester
Devant l'evesche a sun mangier;
D'autre mestier ne servireit,
3836 Fors que sur la table esterreit.
Cil evesche, ki l'or aveit
Dunt tel achat faire vuleit,
Del patrïarche se dutat,
3840 Kar sa parole mult notat
E fud espris par aventure
De bien faire cum a cele ure.
Par tant cel sergant apelat,
3844 Ki trente livres d'or portat,
E cumandat, des meseisez

61^r

3821 eus *inserted above line, with dot to mark omission*
3840 Kar] Kay *or* Kau *with final stroke expuncted*

Ki la sistrent tut arengiez,
Qu'a chescun dunast un besant;
3848   E cil si fist demeintenant.
Par un e un tost duné fu
Tant que tut l'or iert despendu.
Ultré fud tost quant chescun prist
3852   E nuls encuntre rien n'i mist.
Quant mes n'i out la que duner
N'i feseit puis nul demurer,
Mes aprés cele parteisun
3856   Ensemble vindrent vers meisun.
Troile se tint ja mult deceu
Que tut sun or iert despendu
Senz ceo que pru lui en sursist;
3860   Cum de tel perte a queor le prist.
Il fud enviz feit aumodnier;
Fieble en deut estre sun luier.
Al repeirer a sun ostel
3864   En sun queor prist trop vilain doel;
De ceo que feit out mult pensat,
E sei memes en chalengat
Que feit ne l'aveit sagement
3868   Quant tant despendi largement.
Sun bienfeit turnat a folie;
Crüel se tint de tel partie.
Tant prist a queor de cest penser   *61ᵛ*
3872   Que puint de heit ne pout aver;
Tant iert pensif e anguissus
Qu'il en devint trestut fevrus;
Del queor se mist la fievre al cors;
3876   Dedenz fud fevrus e dehors.
La fievre esteit issi medlee
Que trop fud forte la haschee.
Ne se pout mes sur piez tenir;
3880   Tut le cuvint al lit venir.
L'ure de mangier aproesçat.
Li patrïarche le mandat
Qu'a sa table mangier venist,
3884   Mes l'autre s'escusat e dist

Que trop se senti meseisé;
D'une fievre fud traveillié.
De la fievre suppris esteit
3888   E la mateire bien saveit.
Aparmemes ne pout venir
Quant cuntre lit l'estut gisir.
Li patrïarche, quant ceo oï,
3892   La mateire bien entendi
E que pur ceo fevrus esteit,
Que de sun or tant out bien feit.
Des trente livres tut lui vint
3896   Que la fievre tant dur le tint.
A maladie lui turnat
L'aumodne qu'il enviz dunat,
Kar mult vout aveir amasser
3900   Mes grief lui fud de rien duner.
Me vout pas seint Johan suffrir
Que cil deust lunges la gisir;
Ne vout qu'il suffrist tel turmente,   62^r
3904   Tut lui venist de fole entente.
Nel tint a bien qu'al mangier seist
E que pitié de lui nel preist.
Tut entrelessat sun mangier
3908   E vint al fevrus senz targier,
Cum cil ki senz orguil esteit,
E dist lui bel e tut en heit:
'Troile, beal fiz, en charité
3912   Entendez a ma verité.
Quidez que tant queisse voz pertes
Que vus deisse cum a de certes
Que del vostre tant dunnissez
3916   Quant as freres fumes alez?
Bien m'en crëez: ceo que j'en dis
Tut fud deduit; pur el nel fis.
Pur la feste voil faire tant
3920   Que chescun frere eust un besant.
Nes pout mun sergant tuz paer;
Par tant me cuvint enprunter:
Quant il nes out si prestement

3924 De vus les pris, ore les rend.
    Trente livres porté vus ai,
    E tant d'or rend cum j'enpruntai.'
    Seint Johan mustrat en cest feit
3928 Que mirje e pastur bon esteit.
    Li seinz hoem tint l'or en sa mein,
    E quant l'evesche i sout le plein
    Tute la fievre s'en parti;
3932 Puis cele ure puint n'en senti.
    Nel grevat mes [ne] chaud ne freid;
    Force e culur lui reveneit.
    Bien parut, de la maladie   *62ᵛ*
3936 Ki si par tens esteit guarie
    Que la perte de sun aveir
    Mateire fud de sun duleir.
    Entierement trestut l'or prist.
3940 De refuser semblant ne fist
    E, quant si prest esteit de prendre,
    Bien en pout l'um sun queor entendre.
    Quant seint Johan out tut rendu
3944 Ceo qu'a sun dit aveit acreu,
    L'evesche vuleit deschargier
    E de l'aumodne e del luier,
    E qu'il lui feist brief de quitance,
3948 Que del luier n'eust esperance.
    Ne vout que mes en fust retraite
    Quant la pae fud tute feite,
    Mes l'evesche sun brief en feist
3952 E trente livres d'or i meist.
    L'evesche a joie le brief fist;
    De sa mein memes tel l'escrist:
     'Beal Sire Deu ki tut poëz
3956 A mun seinnur Johan rendez,
    Ki patrïarche est d'Alisandre,
    Le gueredun qu'apent a rendre
    De trente livres de sun or
3960 Qu'il vus ad duné de bon queor,

3926 ieo enprentai   3951 & 3953 li e.

Kar il m'ad bien le mien rendu.
Entierement l'ai tut receu.'
Li evesche tel brief escrist,
3964 E seint Johan de lui le prist
E, quant il vout d'iloec partir,
L'evesche fist od sei venir.
Il le sumunst d'od sei mangier;   *63^r*
3968 D'autre medcine n'out mestier,
Kar de cele ure fud guariz
Que de sun or esteit saisiz.
Deu, ki bien seit reguerduner
3972 Ceo que l'um lui vuldrat duner,
Vuleit l'evesche chastïer
Que vers lui se peust esdrescer.
Traire le vout qu'il eust pitié
3976 Quant veist sun proesme meseisié.
Pur traire le a cumpassïun
Lui mustrat une avisïun.
Quant od seint Johan out mangié
3980 A sun ostel iert repeirié,
E se cuchat pur reposer;
Dormir vuleit aprés mangier
E, quant dormi, mustré lui fu
3984 Quel gueredun il out perdu.
Aprés dormir, quant s'esveillat,
Ceo qu'il out veu issi cuntat:
'Jeo vi,' ceo dist, 'cum m'iert avis,
3988 Une meisun od le purpris.
La grant beauté e la grandur
Ne peust asmer nul enginnur;
Engin d'hume n'i peust ateindre.
3992 En tel meisun fereit bel meindre.
Tute la porte d'or esteit;
Amunt la porte escrit pareit
Un title que jeo vi e lui,
3996 Dunt al lire mult joius fui.
L'escrit iert tels e tant diseit:

3967 od *superscript above* sod *erased*   3992 feseit b.   3996 liure
3997 Li e.

"C'est la meisun u meindre deit
L'evesche Troile, e ci l'atent   *63ᵛ*

4000 Repos ki dure e fin ne prent."
      Joius esteie quant cest lui,
      Quant de la meisun seür fui
      Que cil qui sires en esteit

4004 Senz retraire la me durreit;
      A pardurable iloec serreie;
      Vïande bone i usereie.
      A peine aveie cest parleu

4008 Quant en message iert la venu
      Un meistre chamberleng le rei,
      E cumpainnuns aveit od sei:
      Bien semblerent que serfs Deu fussent

4012 E de sun cunseil privé seussent.
      Quant cil ki meistre iert, par semblant,
      A la porte vint aproesçant,
      Dunt quanqu'i out tant bel esteit

4016 Cum a tel meisun cuveneit,
      E vit le title amunt escrit,
      As soens en dist qu'entur sei vit:
      "Cel title ostez, que mes n'i seit."

4020 Osté fud tost quant dit l'aveit.
      Puis lur redist: "Tut remüez
      Cel title, e la celui metez
      Que cil ki sires est e rei

4024 De tut le mund mande par mei."
      Cil a tant dire avant porterent
      Un autre escrit e cel ficherent
      Ultre la porte, mei vëant;

4028 Changié fud tut, e diseit tant:
      "C'est la meisun u devrat meindre
      Johan l'evesche d'Alisandre.
      Pur trente livres l'achatat.   *64ʳ*

4032 Repos l'atent ci ki fin n'ad." '
      L'evesche Troile out tut cest veu

3999 Li e. T.   4023 sires] *final* s *added above line*   4030 J. li e.
4033 Li e.

E, tant tost cum esveillié fu,
Al patrïarche s'en alat
4036   E tut l'afaire lui cuntat.
A queor le prist, bien le retint;
Bon aumodnier puis en devint.

   Deu, ki de seint Job tant suffri
4040   Que quanqu'il out a net perdi,
De seint Johan fist ensement:
Perdre le suffri mult granment.
Il out ses nefs, cum de l'Eglise,
4044   Qu'il envëat en marchandise.
De tel chose les sout chargier,
Dunt de tenir n'aveit mestier.
Od un eissirent, puis od el;
4048   Suvent revindrent a l'ostel.
De celes nefs en mer esteient
Desqu'a tredze, ki charge aveient.
Que d'argent, que de draperie,
4052   Bien fud chargee la navie,
E d'autres choses asez chieres
Ki furent de plusurs manieres.
Tant esteit grant chescune nef
4056   Que bien pout porter senz tut grief
Dis mile muis de ble par mer,
A sauf venir e sauf aler.
Grant fud la summe ki fud mise
4060   En ces granz nefs de marchandise.
Tutes ces nefs ensemble furent
E d'Alisandre ensemble meurent.
Tute la flote sun curs tint   *64ᵛ*
4064   Desque tempeste la retint.
En Adrïa tute remist
Par turmente ki la supprist.
Trop dure fud la survenue
4068   Par ki tute fud retenue.

Li marinier tant se duterent
Del dur yver qu'il encuntrerent
Que tut l'aveir geterent fors
4072   Pur sauver les nefs e lur cors.
Treis mile livres out d'amunte
E quatre vinz a large acunte
De tut l'aveir ki perilla
4076   E perdu fud en Adrïa.
En Alisandre repeirerent
Cil ki ces tredze nefs guïerent,
E tut li meistre marinier
4080   Chaudpas se mistrent al mustier.
Li patrïarche, quant ceo oï
Qu'a l'eglise furent fuï
E sout pur quei fuï la furent,
4084   Cum pur dute que de lui eurent,
Par brief qu'il de sa mein escrist
Tel mandement lur fist e dist:
    'Beaus freres, Deu le nus dunat
4088   E, quant lui plout, toleit nus ad;
Sicum lui plout issi est feit:
Le nun Damnedeu seit beneit.
Seürement, beaus fiz, eissez:
4092   Pur cest de rien ne vus dutez,
Kar Damnedeu en penserat;
Bien a demain nus purverrat.'
    Bien pres de tute la meité   65ʳ
4096   De tut le miez de la cité
S'asemblerent cum pur parler
Del patrïarche cumforter.
Le jur aprés se reasemblerent;
4100   Pur cumforter le a lui entrerent
Mes, einz que peussent rien mustrer
De quanqu'a lui voudrent parler,
Il tut avant a eus parlat
4104   E par tels moz les cunfortat:

4074 *after* vinz, de *lightly erased*   4076 En p.f.   4094 demȩin
4100 *in a different hand* conforter *in margin*

'Fiz e freres, ne vus trublez
De ceo que sumes damagiez
Par l'aveir ki en noz nefs fu
4108   E tut est en la mer perdu,
Bien m'en crëez que n'est pas fable
Qu'humble Johan n'en seit culpable.
Asez l'entend, e bien sui cert,
4112   Que rien de cest n'eusse suffert,
Si tant ne feusse surquidé
Qu'en orguil feusse trop munté;
Mes pur mun queor, ki s'eslevat
4116   Tant que grant chose en ceo quidat
Qu'a genz dunai ceo que lur est,
Bien fud dreit que m'avenist cest.
Cest vuleit Deu que j'entendisse,
4120   E pur ceo vout que tant perdisse.
Queor d'hume se sout eslever
Suvent par aumodne duner;
Suppris en iert mult subtilment
4124   Ki ne s'en guarde estreitement;
Mes ki a force en est tempté
Tienge sei en humilité,
E, par ceo qu'humble se tendrat,   65^v
4128   Par pacïence tut veintrat.
Ceo qu'hume est povre a pru lui vient,
Quant par poverte humble se tient.
Seint[e] Escriture issi le dit;
4132   Bien feit a creire tel escrit.
Li prophete·David reescrit
En sun sautier: "Sire," ceo dist,
"Bon m'est que sui humilïez,
4136   E par vus sui tant abeissez
Que voz justises puis aprendre."
A ceo saver feit bien entendre:
De dous trespas culpable sui,
4140   Dunt ai feit el que jeo ne dui:

4115 mun *inserted above line, with dot to mark omission*
4129 est *inserted above line*   4138 bien a e.

Tut quanqu'en ariere dunai,
Par veine gloire perdu l'ai,
E d'autre part par mun pechié
4144   Est tut cel aveir perillié.
Dur jugement suffrir en dei;
Acunté tut serrat sur mei
De tuz ces ki sunt en destreit
4148   Quant rien n'i ad dunt l'um lur aeit.
Mes nepurquant, mes chiers amis,
Cil memes Deu, ki fud jadis
Al tens que seint Job fud perdant
4152   De la richesce dunt out tant,
Cil est uncore, e cil serrat.
Cil memes ne nus guerpirat.
Ne vuldrat guarder a ma perte,
4156   Par quei sui chaet en tel poverte,
Mes les povres reguarderat;
En lur busuin sucurs lur frat.
Il memes nus en aseüre   66^r
4160   Qu'il ne nus lerrat pas encurre:
"Jeo," ceo dist, "ne vus guerpirai;
Ja senz sucurs ne vus lerrai."
Il redist aillurs: "Tut avant
4164   Le regne Deu alez querant,
E puis vus vendrat de legier
Tut ceo dunt vus avrez mestier." '
    Li patrïarche issi parlat,
4168   E les citeeins mult cunfortat
Ki vindrent pur lui cunforter;
Mes de cunfort n'aveit mestier.
Ne passat pas lung tens avant
4172   E Deu lui restorat dous tant
Plus que des einz n'out d'aveir eu,
Sicum a Job, lui fud rendu.
Puis cele ure queor a sei prist
4176   E plus fist bien qu'il einz ne fist,
E tant cum Deu lui dunast plus

4166 avrez] auez, *with caret and* r *superscript*

Tant se tint plus religïus.

Seint Johan un sergant aveit,
4180 E cil de ses privez esteit.
Mesaventure lui survint
Tele que tut povre devint.
Sun seinnur tut privëement
4184 L'apelat, e tut belement
Dous livres d'or el puin lui mist;
De sa [mein] memes sun dun fist;
Ne vuleit qu'autre s'aparceust,
4188 Avant d'eus dous, que feit lui eust.
Quant tant out feit pur Deu amur,
Li sergant dist a sun seinnur:
'Beal sire, tant bien feit m'avez   *66ᵛ*
4192 Que mes ne serrai tant osez
Que devant vus peusse aparer
U neis sur vus mes esguarder.'
Le respuns qu'il fist tel esteit
4196 Que mult deit estre be[e]n retrait:
'Frere,' ceo dist, 'ne vus ai fait
Le bien qu'a faire m'apendreit.
N'ai pas uncore pur vus mis
4200 Mun sanc sicum j'en sui apris.
Ceo me cumande Jesu Crist
Ki pur nus reindre a mort se mist.'

Uns hoem esteit mult en destreit
4204 Par trop grant dette qu'il deveit.
Granment rente deveit paer,
Mes ne la pout a terme aver,
Kar a cele ure fud e[s]quis
4208 E trop failli tut le païs.
L'eawe del Nil n'iert pas muntee
Tant qu'ele arusast la cuntree;
Sa custume n'out pas guardee,
4212 Dunt la terre fud meins tempree.

4181 lui] lur   4198 apend̦ereit   4209 La aewe

Cil, ki deveit la dette rendre
Mes ne sout pas u la peust prendre,
En defaute par tant esteit
4216 Que sun guainage lui failleit.
Un riches ducs iert el païs:
Cil out aveir, u qu'il l'eust pris.
A lui se traist cil pur succurs,
4220 Quant a l'ure ne sout aillurs.
Mult prëat que tant lui prestast
Qu'a cinquante livres muntast,
Numëement d'or sur tel guage   67^r
4224 Dunt fust seür qu'il n'eust damage,
Kar tel guage lui baillereit
Ki sun prest duble bien vaudreit.
Li ducs lui pramist de prester,
4228 Mes trop l'enprist a delaer.
Cil ki furent en sergantie
S'entremistrent de lur baillie.
La rente celui demanderent;
4232 Delai ne respit n'en dunerent.
Quant cil failli de la creance,
Dunt mis esteit en esperance,
Al port se treist ki ne failli
4236 Mes tut receut, tut recuilli:
C'iert seint Johan, ki n'escundist
Unkes a hume kil requist.
A peine out ditte sa busuinne
4240 Quant li seinz hoem, senz querre essoinne,
Lui dist: 'Beal fiz, mult bonement
Vus duins neis ceo qu'entur mei pent;
Ceo dunt sui vestuz vus durrai,
4244 Ja cuntre vus nel retendrai.'
Il out en sei granz vertuz,
Mes quanqu'i out nel sourent tuz.
Ceo nepurquant asez iert seu,
4248 Quant asez suvent esteit veu,
Que quant il veist hume plurer

4221 M. preast q.   4248 s *expuncted before* veu

Ne s'en peust memes deporter.
Quant le busuin atant mis l'eust
4252 Que d'anguisse plurer l'estust,
La busuinne feist erranment;
Al faire plurast tendrement.
Il aveit cest cum en custume.   *67ᵛ*
4256 Tut aus[i] le fist de cest hume.
Sa busuinne tute lui fist,
Mes al faire delai ne quist.
Li ducs qui pramist e failli
4260 La nuit aprés jut e dormi,
E sungat qu'il vit un auter
E cum un hume sure ester.
A cel auter plusurs veneient
4264 E lur offrendes i meteient.
Chescun de ces ki rien i mist
Pur une offrende cent en prist.
Memes l'ure lui fud rendu
4268 Quant cent pur un i ad receu.
Entre les autres s'aparceut
De seint Johan qu'il i estut,
Mes, de sei memes nepurquant,
4272 Avis lui fud qu'il iert avant.
D'un eschamel puis s'aparceut,
E qu'une offrende sure jut;
N'iert qui la preist ne ki l'offrist
4276 Desqu'uns parlat al duc e dist:
'Doin duc, vers cele offrende alez,
Pernez e sur l'auter offrez,
Que pur cele une prengez cent.'
4280 Li ducs targat e fud trop lent.
Li patrïarche ariere estut
Mes nepurquant avant curut.
L'offrende prist, si l'enportat
4284 Par ceo que li ducs tant targat.
A l'auter vint, l'offrende i mist;

4260 *majuscule* A *corrected to majuscule* L *by expunction of one foot,
with* l *in margin*   4278 P. la e s.

Pur cele sule cent en prist.
Li ducs atant s'iert esveillié   68^r
4288   E bien sout ceo qu'il out sungié,
Mes que ceo peust signifïer
Ne pout uncore pru saver.
Il mandat l'hume, memes l'ure,
4292   Qu'il aveit pramis de succurre.
Cil vint quant sout que mandé fu.
Li ducs, tant tost cum l'aveit veu,
'Le prest,' ceo dist, 'ci recevez
4296   Dunt, ja piece ad, requis m'avez.'
Quant cil sun offre aveit oï,
'Beal sire ducs,' ceo respundi,
'Li patrïarche avant s'est mis
4300   E vostre luier en ad pris.
Quant vus me meistes en delai
Al patrïarche m'en alai;
A lui me trais cum nef a port;
4304   Succurs i truvai e cumfort.
Cil ki la dette demanderent
Force me firent e greverent
Tant que ne soi meillur refui,
4308   N'aillurs aler, fors sul a lui.'
Li ducs, quant cest aveit oï,
Ceo qu'il sungat bien entendi
E dist: 'Bien dites verité
4312   Que mun luier en ad porté.
Avancé s'est e tut ad pris,
E jeo en sui ariere mis.
Ki se delae e se purluinne
4316   De bien faire, pert sa busuinne;
Il est e fous e maleuré
Quant sun luier pert e sun gré.'
Sun sunge a tant a tuz cuntat,   68^v
4320   Kar ceo entendi dunt einz dutat.

Li patrïarche sout venir

4291 memes] s *added above line*

A seint Johan e a seint Cyr,
Ki sunt dous martirs renumez,
4324   En cel païs mult onurez.
Ces dous martirs en memoire out,
Ke lur pöeir vers Deu bien sout.
Un jur esmeu s'esteit d'aler
4328   Vers lur eglise pur urer
Mes, a l'eissir de la cité,
A la porte l'ad encuntré
Une femme ki la survint
4332   E, qu'arestust, la le retint.
Venue fud pur lui requerre;
Sun grief lui dist, cuchee a terre;
'Feites mei dreit de mun lignage,
4336   Ki tort me feit e grant ultrage.'
A[s]quanz de ses serganz privez,
Ki plus furent aseürez
De dire lui lur volenté,
4340   Quant veneit en sa priveté
Mult lui loërent qu'il suffrist,
Al repairer la femme oïst;
Mes il respundi mult par tens,
4344   Cum hume qui fud plein de sens:
'Cument,' ceo dist, 'oï serrum
En ureisun qu'a Deu façum,
Si la femme vois deläant
4348   E senz dreit faire pas avant?
E ki me frat de ceo certein
Que jeo vive desque demain
E que jeo peusse a mun repaire
4352   A ceste femme reisun faire?
E si jeo moer en cest delai
A Jesu Crist que respundrai,
E quele serrat ma reisun,
4356   Quant de delai quier acheisun?'
A ceo dire la s'arestut,
E de la place ne se mout
Desqu'a la femme out feit aver
4360   Quanque reisun lui vout duner.

69^r

La volenté e le desir
Seint Johan fud de Deu servir,
E Deu par memes lui rendi
4364 Quant en busuin ne lui failli.
Il fud tut plein de tecches bones.
Od tut ceo creut mult dous persones —
C'iert Johan e Sofronïus —
4368 Ki mult furent religïus.
Mult lui furent a volenté,
Kar mult lui plout lur lëauté.
Ces dous furent ses cunseilliers,
4372 Kar bons les sout e dreituriers.
Sur tuz autres ces dous oï
E cum ses peres les cheri.
Il les amat numëement
4376 Kë il se tindrent fermement
Cuntre erites, en dreite fei,
E par tant les tint pres de sei.
Il firent cum bon champïun;
4380 L'escu pristrent e le bastun,
E par grant vertu se medlerent
A ces ki la fei Deu fauserent.
Tant vindrent a desputeisun,   69^v
4384 Tant mustrerent vive reisun,
Que de viles, chasteaus e burcs,
D'eglises, e mustiers plusurs,
E d'envirun tut le païs
4388 Chacerent les Deu enemis.
Il firent cum funt bons berchiers,
Ki se gueitent en lur mestiers
Que male beste ne survienge
4392 Ki de lur faude berbiz prenge.
En ceo mistrent cil dui lur peine,
E c'iert l'acheisun suvereine
Par quei seint Johan les amat
4396 E tant les creut e onurat.

4373 s *expuncted before* ces   4378 les] *final* s *added above line*

    Quant seint Johan riche hume seust

    Ki vers ses serf[s] trop crüel fust,

    Il l'apelast privëement

4400   E chastïast tut belement.

    Süef e bel le sout reprendre,

    E dist lui: 'F[iz], feit m'est entendre

    Que vus, par mal entichement

4404   De l'enemi ki vus supprent,

    Aukes trop vus desmesurez

    Quant vers voz serf[s] vus curucez.

    Jeo vus requier, temprez vostre ire;

4408   Lur servise vus deit suffire.

    Ne nus ad Deu noz serf[s] duné

    Que par nus seient surmené.

    Duné nus sunt pur nus servir,

4412   Nient pur batre ne pur ferir.

    E tut est nient par aventure

    Que mis lur seüm pur ceo sure

    Que lur servise recevum,   70^r

4416   Mes que des biens que nus avum,

    Dunt Dampnedeu nus ad presté

    Tant qu'en sumes en la plenté,

    Cil sustenu seient par nus

4420   Ki povres sunt e suffreitus.

    Mes dites que c'est, e dunt vient,

    Qu'hume achate celui e vent

    Ki Deu tel ad crïé e feit

4424   Que sa semblance e s'ymage eit?

    E quant estes cum el desus

    Tant que sers avez desuz vus,

    Avant de lui qu'avez vus plus?

4428   U ceo qu'est qu'il eit meins de vus

    Cum de la cumune figure

    Que Deu met en sa creature?

    Qu'avez vus plus u qu'ad il meins

4432   D'uilz, d'oreilles, de piez, de mains,

4402 Fu, *with* u *possibly expuncted and space before* feit
4413 E t. ceo e, *with* ceo *faintly expuncted*

U d'autres menbres qu'humes unt
Quant a l'ymage Deü feit sunt?
Dunt n'ad il quanque vus avez,
4436   E vus en cors le resemblez?
Entendez que seint Pol nus dit —
Mult nus alume sun escrit:
"Quanqu'estes baptizé," ceo dist,
4440   "En Nostre Seignur Jesu Crist,
De Jesu Crist estes vestu."
Ki tel vesture ad n'est pas nu,
Seit francs, seit serf, gieu u griffun;
4444   En Jesu Crist tuz sumes un.
Par tant, sicum seint Pol le dist,
Si sumes un en Jesu Crist,
Entre nus memes pers seüm;   *70ᵛ*
4448   Üels par tut estre devum.
Quant vint en terre Jesu Crist
En la furme de serf se mist
E nus enseinnat de cherir
4452   Noz serf[s] e nient en orguillir.
Tuz sumes serfs, e nus e il;
Par tant nes devum tenir vil.
Tuz un seinnur el ciel avum,
4456   Cil veit tut quanque nus feisum,
Il meint en haut e tut surveit,
Ces reguarde k'il humbles seit
Nel dit l'escrit qu'entendant seit
4460   A ceo que vers le munt se trait,
Mes ceo reguarde bonement
Que bas se tient e humblement.
Ceo qu'est que nus tant d'or dunum
4464   E que d'achater ne dutum
Le chier achat que Jesu Crist,
Par sun seint sanc espandre, fist?
Ensemble mist noz serfs e nus;
4468   Pur nus mist sun sanc precïus.

4451 de choir   4456 tut *inserted above line, with caret*
4465 achatat

Tant nus amat, tant nus cheri
Que de servage nus franchi,
E nus lui feimes cel huntage
4472 Que les soens traüm en servage.
Pur vostre serf ad Deu tut feit
E veut que tut a sun pru seit,
Ciel e terre, soleil e lune,
4476 Le bien qu'en vient a sun oes turne.
Pur lui sunt feites les esteilles,
La mer od tutes ses merveilles,
Fëit est pur lui quanqu'est el mund,   71^r
4480 De lung e lé, haut e parfund.
Neis les angeles par mi tut cest
A sun servise se funt prest.
Pur lui s'abeissat Jesu Crist,
4484 E servel mestier pur lui fist
Quant pur s'humilité mustrer
Deinnat a serfs lur piez laver;
Pur lui s'iert tant humilïé
4488 Que vilment fud crucifïé;
Pur lui fud jugié, mes a tort;
Pur lui suffri trop dure mort;
E vus celui desonurez,
4492 Vus le batez, vus le ferez?
Celui ne vulez deporter
Ki Deu deinnat tant onurer?
Mes dites mei, si Deu vus ait,
4496 Vuldrïez vus qu'a chescun feit
Que cuntre Deu feites suvent
Quant passez sun cumandement
De meintenant vengance en preist
4500 E voz desertes vus en feist?
Ne puis quider que bel vus fust
Si Deu de vus merci n'en eust.
E sur tut cest cument dirrez:
4504 "Sire, noz dettes nus leissez,
Sicum noz detturs releissum"?
En ceo dire mult nus lïum.'

[P]ar tels paroles suvent dire
4508 Sout seint Johan atempre[r] l'ire
De seinurages, ki serfs eurent
E ki vers eus trop crüels furent.
E quant aucuns par aventure   *71ᵛ*
4512 De sun sermun ne perneit cure
Tant que vers sun serf s'amendast,
Li seinz hoem le serf apelast
E tut privëement lui deist
4516 Que lieu e tens de fuïr queist
E, si sun seinnur le siwist
E cum serf fuitif l'ateinsist,
Li patrïarche l'achatast
4520 E de servage le getast.
Tel iert la lei de cel païs:
Quant serf fuïst e puis fust pris,
Sun seignur mes nel tendereit
4524 Mes erranment le vendereit.
Li patrïarche la lei sout
E, pur ceo que delivrer vout
Le serf qui tant fud tenu dur,
4528 Fuïr le fist de sun seinnur.

Un vadlet iert en Alisandre:
Tant povre esteit qu'il n'out que prendre.
E pere e mere morz lui furent;
4532 Senz guarisun sul lessé l'eurent.
Sun pere quant en vie esteit
Granz aumodnes pur Deu feseit,
Mes quant vint a sun murïant
4536 Le vadlet fist venir avant.
Faire vuleit sun testament;
Dis livres d'or numëement
Duner lui vout, cum a sun eir,
4540 Que tant eust a sun estuveir,
Mes n'en fist pas certein devis,

4507 Par] *the capital* P *omitted by rubricator, despite minuscule* p *in margin. An* X *in same margin presumably by the reviser*
4510 crruels   4516 fuięr

Quant en saisine ne l'out mis,
Mes a reisun mist le vadlet   *72*^r

4544   E dist: 'Beal fiz, en chois vus met
De dous choses pur vus guarir
Quant a ceo sui que dei murir:
U ces dis livres d'or pernez

4548   E quant a mei la vus tenez,
U sëez de l'avüerie
Nostre Dame, seinte Marie.
A lui vus pernez, senz el prendre;

4552   Quant l'um la sert, bien le sout rendre.
En chois estes; ore dirrez,
A quel de ces dous vus tendrez?'
Li vadlet, tut fud joefne d'eage,

4556   En ceo nepurquant fist que sage
Que Nostre Dame avant choisi
E les dis livres d'or guerpi.
N'en vout li pere plus atendre

4560   Mes en povres fist tut despendre.
Murut li pere, e cil remist
Ki de sun pere bien ne prist,
Neis tant qu'amuntast un denier;

4564   Ore out d'aïe grant mestier.
Ne sout li vadlet el que faire
Fors vers s'avüee [se] traire.
A Nostre Dame ferm se prist

4568   E ses busuignnes sur lui mist.
A s'eglise vint pur urer;
Ne sout aillurs u demurer.
Povre i remist e meseisié,

4572   Cum orphenin descunseillié.
Aucun qui vit qu'il n'out que prendre
A seint Johan le fist entendre
E dist: 'Beal sire, cil dolent,   *72*^v

4576   Par ceo qu'ami n'ad ne parent
Ki bien lui face, est en meseise;

4561 e] cil *with* il *erased, leaving* c *to serve as* e
4573 il *inserted above line, with caret*

N'avrat duree a lunge teise.
Al mustier est seinte Marie
4580   E la se tient en povre vie;
Ne jur ne nuit d'iloec ne part:
Truvez i est e tost e tart.'
    Bien out seint Johan escuté
4584   Ceo que del vadlet fud cunté,
Mes nepurquant semblant n'en fist,
Kar plus en pensat qu'il n'en dist.
Tant tost cum il vit lieu e tens
4588   Bien mustrat quel fud sun purpens.
Il apelat privëement
Un sun clerc hors de s'autre gent;
Cil en sa guarde aveit les tables
4592   Par quei devis furent estables:
En ces tables escriz esteient
Devis de genz ki devïeient.
Apelé fud cil clerc 'tablier'
4596   Pur la guarde de cel mestier.
Li patrïarche venir fist
Cel tablier par nun e lui dist:
'Ma priveté vus vuil mustrer,
4600   E sur vus iert de bien celer.
Guardez ne me descuvrez mie
De priveté que jeo vus die,
Mes alez tut privëement,
4604   Si m'enchartrez le testament
E le devis d'un mien cusin,
E ceo seit en viez parchemin.
Tëotemtus seit cil numez.   *73ʳ*
4608   Ensemble od lui më escrivez.
Parenz nus feites, e nient meins
Que fiz de dous freres germeins,
E de cel vadlet orfenin
4612   Faites qu'il seit fiz mun cusin.
Al vadlet memes puis alez,
E dites lui: "Dun, ne savez
Que vus estes e de quel lin,
4616   Que vus estes proecein cusin

Al patrïarche d'Alisandre,
E que de ceo poet surdre escandre
Que vus sëez si povrement,
4620   Quant vus avez si haut parent?"
E si cil veit de rien dutant
La chartre lui mustrez avant,
Puis lui dites: "Si vus n'osez,
4624   U si pur hunte ne poëz,
Memes venir od lui parler
E vus a lui aparenter,
Si vus vulez pur vus irrai
4628   E la busuinne pur vus frai."
Quant al vadlet tant dit avrez
Ceo qu'il en dirrat tost orrez.'
    Li tablier tut receut, e fist
4632   Quanque li patrïarche dist.
Al vadlet vint, a lui parlat;
Tost aveit feit, tost repeirat.
Al patrïarche vint ariere,
4636   E cumençat lui tut a dire
Cument al vadlet iert alé
E ceo qu'il out od lui parlé.
Aprés tut ceo, cuntat e dist   *73ᵛ*
4640   Le respuns que li vadlet fist.
    'Sire,' ceo dist, 'il m'ad requis,
E jeo lui ai de but pramis,
Qu'al patrïarche parlerai
4644   E sa busuignne musterai.
Mult est li vadlet eslecié
E mult m'ad de ceo mercïé.'
    Dunc dist seint Johan: 'Repeirez
4648   E al vadlet dire porrez:
"Al patrïarche ai tut cunté
De vus e vostre parenté.
Un soen parent out, bien le seit,
4652   E cil memes un fiz aveit
Mes il n'ad pas le fiz tant veu

4630 ēdirrat, *with the ē squeezed into the line*

Qu'il le cunuisse gueres pru.
Par tant m'ad dit: 'Ore en alez;
4656   Le fiz mun cusin me menez
E la chartre portez od vus
Pur miez acerter entre nus.' " '
Li tablier fist tut prestement
4660   Ceo dunt out le cumandement.
Al vadlet vint, tut lui cuntat.
Od sei le prist, si l'amenat.
Mult fud li vadlet bien venu
4664   Al patrïarche, quant l'out veu.
Il le receut cum sun parent
En veue de tute sa gent.
Puis le traist entre ses privez
4668   E dist: 'Beal cusin, bien viengez!
Fiz fustes mun cusin germein,
E jeo vus preng desore en mein.'
Il l'acolat, il le beisat,   *74^r*
4672   E grant semblant d'amur mustrat.
Terre e meisun en Alisandre
Lui fist aver e femme prendre.
Bien lui purvit e dunat tant
4676   Que riche le fist e manant.
Issi feit Deu quant veut sucure,
Mes tens a tut purveit e ure.
Ne faut de sucurs ne d'aïe
4680   Tant cum hume de lui se fie.
    Jeo redirrai le mien avis:
La Dame a ki cil se fud pris
Tut cest afaire lui purvit;
4684   Tut ne seit ceo en latin escrit.

    Li patrïarche out tel custume,
Qu'a lui ne veneit unkes hume
Pur requerre qu'il lui prestast
4688   Chose dunt aider le quidast,

4659 tut *inserted above line, without any omission mark*
4669 Fiz] z *written over erasure, and* fiz *repeated in margin*
4677 feit] seit

Que sa requeste ne lui feist,
E tant prestast cum cil requeist.
N'en preist guarde tut fust cil faus
4692   Ki l'enproent feist, u deslëaus.
En quanqu'il pout vuleit guarder
La lei ki cumande prester.
Ceo dit la lei qui feit a creire:
4696   'Quant hume vient pur emproent faire,
Ne lui facez semblant vilein,
Nel lessez pas partir en vein,
Ne vus tresturnez pas de lui
4700   Tant que de vus part par ennui.'
Par tant que seint Johan sout cest,
A lui ne failli nuls de prest.
Un pautenier, ki cest saveit,   74^v
4704   Mes trop trechierre e faus esteit,
A lui se traist e feist semblant
Cum de sun prest eust mestier grant.
Mult le requist qu'il lui aidast
4708   E vint livres d'or lui prestast.
Li seinz hoem oï sa requeste
E fist lui sa demande preste.
Guage u plegge ne demandat
4712   Des vint livres quant les livrat.
Quant li trechierre esteit saisi
De cel aveir e s'en parti,
Ne tint plai de sun creançur
4716   Tant que lui guardast terme u jur,
Mes dist que rien de lui n'acreut
E que par tant rien ne lui deut.
Il out trechi[é] de cel maniere
4720   Mult prudes humes en ariere.
Quant ceo virent les seneschaus
Faire en voudrent cum d'hume faus;
Mettre le voudrent en prisun,
4724   Quant il ne fist si mentir nun,

4698 partir pas, *with inversion marked by double accents*
4704 trechierre] *first* r *inserted above line, with caret*
4722 de *inserted above line*

E faire le la dette rendre
Par quanqu'il out de chatel prendre.
Mes li seinz hoem ne suffri mie
4728   Que faite lui fust vilainnie.
Lui menbrat mult de Jesu Crist
E de la parole qu'il dist:
'Aëz en vus misericorde
4732   Qu'estre peussez en une acorde
Od vostre pere, de ki dun
Li soleil est a tuz cumun:
As bons, as maus, en dune tant   75^r
4736   Que sa clarté sur tuz espant,
E ceo qu'il ploet refeit cumun
A ces ki dreit funt e ki nun.'
Les seneschaus mult se trublerent
4740   E vers cel trechur mult s'enflerent
Ki lur seinnur aveit deceu
Cum de tant d'or qu'il out acreu.
Il diseient a lur seinnur:
4744   'N'est pas reisun qu'a cel trechur
Remaine l'or qu'il ad de vus,
E qu'il le mette en malveis us,
E ceo despende folement
4748   Que l'um deit mettre en povre gent.'
Li patrïarche respundi:
'Crëez, freres, ceo que jeo di.
Si vus celui tant traveillez
4752   Qu'a force rien de lui prengez,
Un cumandement guarderez
E culpable de dous serrez.
Vus tendrez un cumandement
4756   Par faire bien a povre gent,
Mes un autre trespasserez
Par tant que suffrir ne vulez,
E mal essample en ceo dunez
4760   Que patïence ne tenez.
Od le trespas de pacïence

4735 As b. e as m.   4752 rien *inserted above line*

Trespasserez obedïence,
Kar Deu vus dit: "Force suffrez:
4764   Ki rien vus tout, nel demandez."
Par tant, beaus fiz, estoet penser
Que par patïence guarder
Bon essample peussum duner.   75ᵛ
4768   Seint Pol l'apostle oëz parler:
"Pur quei," ceo dist, "ne suffrez mie
E force e tort e trecherie?"
Beaus freres, bon est de duner
4772   A chescun qui veut demander,
Mes asez miez e plus bel iert
Faire a celui ki nel requiert
Mes, sur tut l'autre, est bon e bel,
4776   Quant l'um vus tout vostre mantel,
De vostre cote aprés duner:
Ceo feit, sur tut el, a preiser.
Aprés nature d'angele trait
4780   Mes aprés Deu k'issi le feit.
Deu cumande que bien façum
A noz proesmes de ceo qu'avum.
"A voz freres," ceo dist, "bien frez
4784   De ceo qu'en vostre main avrez,
E serrat cunquis par reisun,
Nient par tolage e par tençun,"
Kar tort e force n'est pas dreit;
4788   Chescun par tant guarder s'en deit.'

Manant iert en une abbeïe
Un moine mult de bone vie.
Sciridïon abbes esteit
4792   De la meisun u cil maneit.
Li moine out nun Vitalïus,
Mult iert tenu religïus;
Il out bien seisante anz d'ëage,
4796   Porté së out bel en muinage.

4767 que *struck out before* peussum   4772 qui] q̈ue
4776 vus] vou *with* ou *erased and* ⁹*superscript*   4778 tut le el
4780 ki i.   4789 iert *written above* esteit *but no deletion marks*

Cist moine oï grant bien parler
De seint Johan, e vout pruver
Si ceo fust veir que l'um diseit,   *76^r*
4800   Que supprendre ne se lerreit
Pur rien que l'um [lui] peust cunter
Tant qu'il vousist hume damner.
Li moine parti de l'abbeie,
4804   Vers Alisandre enprist la veie.
Ordre e reisun le funt entendre
Que n'en parti senz cungié prendre;
Mult cuntre usage se cuntint
4808   En Alisandre quant la vint,
Kar il demenat la tel vie
Que mes ne fud d'autre hume oïe.
Tut a veue de laie gent
4812   Fist mult el qu'a moine n'apent;
Sa vie fist mult a reprendre,
A ceo que l'um en pout entendre;
Mes a Deu plout mult sa fesance,
4816   Sicum il en fist puis pruvance.
Dunt dit David, qui fud mult sages,
Que [Deu] reguarde les curages
E sulum ceo que les queors sunt
4820   Le[s] guereduns de Deu vendrunt.
Li moine grant enqueste fist,
E puis en grant entente escrist
Tutes les femmes ki lur vie
4824   Abandunerent a folie.
A celes femmes s'acuintat;
En lur bordeaus a veue entrat.
Ses uvraines de ju[r] feseit
4828   E puis vendi ceo qu'il out feit;
E quant li soleil escunsat
Dunc a primes se desgeunat.
Il soleit dunc lupins mangier,   *76^v*
4832   D'achat muntant un sul denier,

4797 biens   4802 veusist   4816 f. p. la p.
4817 fud *inserted above line with point to mark omission*
4827 vueraines

Mes li denier d'arein esteit;
Mult poi en prist, kar poi valeit.
Ne sevent tuz que lupins sunt;
4836 Ne sunt par tut, ne tuz nes unt.
Pur ceo, sacent ki cest lirrunt
De ces lupins qu'un legum sunt;
De feves unt auches semblant,
4840 Mes ne parsunt tels nepurquant.
Vitalïus lupins mangat,
Ne sai si il s'en saülat;
Fieble en deut estre la denree
4844 Pur fieblesce de la munee,
E quant petitte iert la denree
Petitte en fud la saülee.
Ultre un denier, quanque remist
4848 De ceo qu'il pur sun labur prist
A celes femmes tut dunat,
E de pechier les desturbat.
Il sout, quant vint a l'avesprer,
4852 En un de lur bordeaus entrer.
La demurat e parlat bel
A cele ki tint le bordel.
De tels deniers cum il aveit
4856 Dunat a cele e lui diseit:
'Bele, ceste nuit me dunez
Que de vostre cors ne pechez.'
Quant cuvenant aveient feit
4860 Que cele nuit ne pechereit,
Cil se metteit en ureisun
En un angle de la meisun;
Iloec estut e demurat   77ʳ
4864 Desque le matin ajurnat.
La femme dormir se culchat;
E cil de pechié la guardat.
Entente grant e cure i mist
4868 Que pur mesfaire fors n'eissist.
Tute la nuit pur lui prëat

4845 p. i. de d.   4866 la] ṣẹ *with* la *in margin with insertion accents*

E bien suvent s'esgenuillat.
Le matin quant s'en vout partir
4872   E cele levat de dormir,
Tant parlat bel e tant requist
Que cele al partir lui pramist
Que sun cunseil bien guardereit
4876   E de rien nel descuvereit.
Vers chescune feseit issi
Quant de sun bordel s'en parti.
Une de celes lui failli
4880   Tant que sun cunseil descuvri
E dist de lui qu'il n'i vint mie
Pur faire la charnel folie,
Mes pur les femmes sauver vint
4884   E qu'autre entente ne l'i tint.
Mes li moine ne vuleit mie
Que tuz seussent sa nette vie;
Tant prëat Deu qu'il l'en oï
4888   E de la femme bien suffri
Que deable l'eust en poësté
Pur faire auches sa volenté.
Li deable tant la traveillat
4892   Que chescune puis se dutat
E sun cunseil ne descuvri
Trestut le tens qu'il puis vesqui.
Cil ki la femme tele virent   *77ᵛ*
4896   Cum mençungiere l'escharnirent
E lui diseient: 'Vus mentistes,
E quanque de cel moine deistes
Deu le vus ad mult bien rendu,
4900   Cum ceo que tut mençunge fu.
Od vus de nuiz fud el bordel
Pur lecherie e nient pur el.'
Li moine mult celer se vout;
4904   De veine gloire cure n'out
Mes, quant veneit a l'avesprer

4874 Q. a cele   4880 descuvẹri
4883 femmes *inserted above line, with rough* fẽmes *in margin*
4897 mẽịtistes

Que s'uvraine deveit lesser,
Od sei meme[s], oiant la gent,
4908 Sout enprendre tel parlement:
'Sire,' ceo dist, 'alum nus ent.
Tel domne par nun nus atent.
Alez, sumes tant envirun
4912 Qu'entrer a lui ore est reisun.'
Plusurs de ces ki cest oïrent
A desmesure l'escharnirent,
Mes il pur rien ne s'en flechi,
4916 Fors sul tant qu'il lur respundi:
'Dun, n'ai jeo cors cum un autre hume?
Que faz jeo dunc cuntre custume?
Qu'unt moines forfeit pur quei Deus
4920 Tant curucié s'est sul a eus?
Bien sacez d'eus veraiement
Qu'il sunt humes cum autre gent.'
Cil respundirent: 'Dunc iert bel,
4924 Beal pere, que vus facez el.
Une femme vers vus pernez,
A cele sule vus tenez.
Changiez l'habit que vus portez,   *78ʳ*
4928 Dunt genz sunt escandalizez,
E portez habit seculer
Que nuls ne porrat chalenger.
Mult osterez de mal mateire
4932 Si vus nus vulez en ceo creire.
Eschaper porrez le juïse
Ki vus atent pur la mesprise
De l'escandre ki de vus surt,
4936 Kar laide fame de vus curt,
Dunt trop estes grant acheisun
A genz d'estre en detractïun.'
Vitalïus se feinst irié
4940 Quant cest lui eurent cunseillié,
E dist: 'De vostre loëment

4906 sa uueraine   4910 a *erased before* atent   4921 sacjez
4937 grant *inserted above line, with point to mark omission*

Ne vuil rien faire, alez vus ent!
Pur mei guarder de vùs offendre
4944 Ne frai rien el fors femme prendre?
Dei jeo mei memes tant grever,
Pur vus d'escandre delivrer,
Quë ostel tienge e cel purveie
4948 E puis cel' ure maus jurz eie?
Ki quiert escandre aver, cil l'eit
E tant escandalizé seit
Qu'il hurt sun frunt en la parei.
4952 Qu'est ceo que vus vulez vers mei?
Estes vus ci juges asis?
Ad Damnedeu vus sur mei mis?
Alez vos veies a dreiture
4956 E de vus memes pernez cure.
N'estes pas mis pur mei aprendre:
Ne devez pur mei reisun rendre.
Un juge avum e par s'asise   78^v
4960 Vendrat le grant jur de juïse.
En cel juïse tuz prendrunt
Sulum ceo que ci feit avrunt.'
Vitalïus issi parlat
4964 E cum irié mult haut crïat.
Les clers al patrïarche virent
Suvent tels semblanz e oïrent.
Cil a lur seinnur tut cunterent
4968 E le moine mult acuserent,
Mes seint Johan se guardat bien
Tant que nes vout creire de rien;
Ne vout al moine faire ultrage,
4972 A ceo out fermé sun curage;
Ne vout al moine chose faire
Que lui peust turner a cuntraire.
Del moine espaé lui menbrat,
4976 Cument trop sur saut le jugat:
Feit lui out duner discipline
Pur ceo qu'il menat la meschine.

4966 oierent   4972 out aferme

Mult chalengat les encusurs.
4980   Miez vousist qu'il fussent aillurs.
Lur nuveles tutes desfist.
Nes vuleit creire, mes lur dist:
'Leissez les moines paeis aver;
4984   Ne vus apent d'eus acuser.
Dunt n'avez oï d'an ariere
Quant Coste[n]tin iert emperiere
Ki tant vaillanz e pruz esteit
4988   Que dignes est d'estre retrait?
Bien devum aver en memoire
Ceo que de lui nus dit l'estoire
De ceo qu'a Nice lui avint   *79ʳ*
4992   En un cuncile qu'il la tint,
Dunt l'asemblee grant esteit,
Mes entre asquanz descorde aveit.
La descorde fud mult vilaine
4996   E de reproesce tute pleine.
Vilaines furent les afaires
D'evesches, moines e pruveires.
Les uns des autres mesdiseient
5000   E vilainies escriveient.
Tant s'entrealerent avilant
Que lur escriz mistrent avant;
Devant l'emperur les porterent,
5004   Les uns les autres acuserent;
Ne pout uncore tant remeindre
Mes, pur la vilanie ateindre,
Proeves firent avant venir
5008   Pur parcumfundre e parhunir
Les uns les autres, par retraire
Ceo qu'eust esté plus bel de taire.
Quant li bons emperiere vit
5012   Trestut le laid ki fud escrit
E sout ja de la vilainie
Que veire esteit en grant partie
Par les parties, ki la furent
5016   E par devant lui parlé eurent,
Ne vout la chose parateindre,

Mes la parole fist remeindre.
La parole ne vout jugier,
5020 Mes un cirge ardant fist porter:
Les escriz arst, ki vileins furent;
Pur mal tenir mes mestier n'eurent.
Noble parole aprés ceo dist,   *79ᵛ*
5024 Dun[t] el cuncile grant los prist.
"Si jeo," ceo dist, "veisse pruveire,
Evesche u moine en tel afaire
U ki que seit, mes tant qu'ordre eust,
5028 Que charnelment en pecchié just,
Mun mantel del col m'ostereie
E de cuvrir me penereie,
Qu'autre hume aprés ne survenist
5032 Que veist ceo meme e descuvrist."
Noble hume i dist noble parole,
Mes mal cunseil simple hume afole.
En ariere voz cunseilz crui,
5036 Mes trop vilment suppris en fui:
Le moine espaé fis laidir;
Tuz jurz m'en devrat suvenir.
De dreite veie fors me meistes;
5040 En grant pechié chaïr me feistes.'
Seint Johan mult dur respundi,
E de paroles mult laidi
Ces ki le moine medler vindrent;
5044 A lur partir a fous se tindrent.
Mult parlat vers eus egrement;
Cumfus partirent e dolent,
Mes li serf Deu Vitalïus
5048 De s'enprise fud curïus.
Pur dit de genz ne vout lessier
Que n'entremeist de sun mestier:
Les femmes de legiere vie
5052 Fist mult lessier de lur folie.
Pur ceo qu'il saveit nepurquant
Que l'um en alat mult parlant,

5029 me *inserted above line after* col, *with point to mark omission*

Mult prëat Deu que, si lui pleust,   *80ʳ*
5056 Quant de cest siecle partir deust
A ki qu'il vousist feist saver,
Cum par avisïun mustrer,
De ceste uvraine e de sa vie
5060 Que puint n'i out de vilainie,
Que cil k'escandalizé furent
E trop suvent deparlé l'eurent
Pur chose que dit u feit eussent
5064 Culpable devant Deu n'en fussent.
Des femmes legieres plusurs
Mult amenderent de lur murs;
De lur folies mult guerpirent
5068 Par ceo qu'ester de nuiz le virent
E vers le ciel ses mains lever
E senz dormir adés urer,
E pur chescune senglement
5072 E pur tutes cumunement.
En bien fermerent lur curages
Ki mult furent des einz volages.
Les unes puis se chastïerent
5076 Tant que lur cors n'abandunerent,
Mes lur pechié del tut guerpirent;
De tel mestier mes ne servirent.
Les autres ki tel grace n'eurent,
5080 E sei del tut tenir ne pourent,
En ceo vesquirent chastement
Que baruns pristrent lëalment.
De teles i out ki plus firent:
5084 Quanqu'eles eurent tut guerpirent.
A Damnedeu si bien se pristrent
Qu'en subtive vie se mistrent.
Mes nepurquant nuls ne saveit   *80ᵛ*
5088 Que tut cest par le moine esteit
Desqu'a cele ure qu'il morz fu
Mes memes l'ure tut fud seu.
La plus bele de la cité

5061 ki e. f.   5081 vesquiȩrent

5092   Aveit le moine recetté.
       La nuit out feit la sun mestier
       Sulum ceo qu'il fud custumier,
       Mes le matin quant vout partir
5096   Un vassal vint a sun eissir.
       Entrer i vuleit pur folie,
       Cum a femme de fole vie,
       Mes quant il vit le moine eissir
5100   De cele dunt out fol desir,
       Vilaine buffe lui asist
       Desuz l'oïe e puis lui dist:
       'Que faites vus ci, mal lechierre,
5104   Cum lunges serrez si trechierre?
       Voz ordures quant guerpirez
       Dunt Jesu Crist deshonurez?'
       Vitalïus quant fud laidi
5108   Al pautenier tant respundi:
       'Ceste buffe vus renderai,
       E tele la vus paerai
       Qu'al cri que vus en getterez
5112   Tute Alisandre asemblerez.'
       Ne passat pas lung tens aprés
       Li moine vint a sun decés.
       En sa celle tut sul murut,
5116   Issi que nuls ne s'aparceut.
       Petitte celle out a l'entree
       De la porte k'iert apelee
       'Porte del Soleil'; la maneit.   *81ʳ*
5120   Senz cumpainnun la sul esteit.
       Memes l'ure que cil morz fu
       Li pautenier ki l'out feru
       Aillurs esteit, ne sai qu'il fist —
5124   Ne quid pas que lui suvenist
       U qu'il pensast de la farree
       Qu'il al prudhume aveit paee —
       Mes, einz que guarde se dunast

5101 buffez (?) *with final letter erased*   5118 ki iert
5127 q *erased before* einz

5128   Que mal lui feist l'um, u pensast,
        Un deable i survint memes l'ure:
        Mult semblat Mor, neir cume mure.
        Le vassal feri suz l'oïe,
5132   Mes al ferir ne failli mie.
        De bone buffe le paeat;
        Mes nule tele n'encuntrat.
        Nel pourent pas ses piez tenir;
5136   Tut estendu l'estut chaïr.
        Li deable qui la pae fist
        'Recevez la buffe,' ceo dist,
        'Que Vitalïus vus enveit.
5140   Ki pramet rende, kar c'est dreit.'
        Li cop que li deable feri
        Le treit d'un arc esteit oï.
        Le plus des genz i acururent
5144   De quanqu'en Alisandre furent.
        Vitalïus en fud prophete,
        Ki tel pramesse en aveit feite.
        Li cheitifs ki le cop receut
5148   Cum hume mort a terre jut
        L'escume de sa buche eissi,
        E force e sens tut i perdi.
        A chief de pose, mes tart fu,   *81ᵛ*
5152   Quant a sun sens iert revenu,
        Ses dras enprist a desirer
        E braire od tut e haut crïer.
        Puis prist sun curs a grant eslés
5156   E ne finat de curre adés
        Desqu'a la celle al moine vint.
        La s'arestut, defors se tint:
        De sun pechié se repenti
5160   E dist: 'Sire, serf Deu, merci!
        Bien le cunuis e bien le sai,
        Que cuntre vus trop mespris ai.'
        Tute la gent ki acururent

5129 i *squeezed in between* d. *and* s.   5137 paeç
5143 acureirent *with, in margin,* acuru *and a few other illegible letters*
5150 senz

5164   A ceo vëer i aresturent.
         Li deable ki leissé l'aveit,
         Tant d'ure cum il vint laendreit,
         A memes l'ure l'asailli
5168   E tut a terre l'estendi.
         Mult le demenat malement
         En veue de tute la gent.
         Plusurs de ces ki acururent
5172   Pres de la celle al moine esturent.
         Dunt en la celle asquanz entrerent
         E laenz le moine mort truverent.
         Il se fud mis a genuilluns
5176   Cum pur faire ses ureisuns.
         Tut a genuilz l'aume rendi
         Issi qu'a terre ne chaï.
         Plus i virent ki laenz entrerent
5180   Kar en mi l'eire escrit truverent:
         'Vus, genz d'Alisandre, entendez;
         Einz que tens seit trop ne jugez,
         Mes suffrez que li Sire vienge.   82^r
5184   Desqu'a sun tens, chescun se tienge.'
         Cil ki li deable out en baillie
         Tute recunut sa folie,
         Cument le moine aveit feru
5188   E quei li moine out respundu.
         La parole tant depoplee
         Al patrïarche fud cuntee.
         Quant il ceo sout ne tarjat mie
5192   Mes prist ses clers en cumpainnie.
         Al cors s'en vint hastivement
         Pur faire ceo qu'a mort apent,
         Mes quant il vit en l'eire escrit
5196   Tut sulum ceo qu'avant est dit,
         'Pur veir,' ceo dist, 'eschapez est
         Humble Johan par Deu de cest,
         Kar la buffe, que cist ad, eusse,
5200   Si miez avant purveu n'en fusse.'

         5186 recunuit

Les femmes, ki cursales furent
Mes par lui mult amendé s'eurent,
Mult plurerent e grant doel firent
5204   Pur lur meistre quant mort le virent.
Cirges e lampes aturnerent,
Devant le cors les alumerent
E diseient: 'Par ceste mort
5208   Tut est perdu nostre cumfort.
Quanque nus eumes de salu
E de doctrine avum perdu.'
Desdunc cunterent de sa vie
5212   Que tute fud senz vilanie.
'Mult,' ceo diseient, 'bel se tint
Quant a noz bordeaus pur nus vint.
Unches nel veimes la gisir   *82ᵛ*
5216   Sur coste u autrement dormir,
Ne tant neis de semblant vilain
Qu'une de nus preist par la main.'
A ces paroles respundirent
5220   Les genz ki parler les oïrent:
'Que deut que vus ne deistes tant
Tant cum li prud hoem iert vivant
Mes suffristes que tel escandre
5224   Surst en la cité d'Alisandre?'
Celes diseient: 'Nus dutames
Tant que descu[v]rir ne l'osames.
Une de nus le descuvri
5228   E deable chaudpas l'asailli;
Dunt chescune s'est puis dutee
Pur cele ki fud forsenee.
Puis cele ure tutes en teumes
5232   Pur la poür que nus en eumes.'
A grant onur fud le cors pris
E mult fud bel en terre mis.
Cil i guari k'il out feru;
5236   Le sens receut qu'il out perdu;

5216 coste] s *inserted above line*
5221 ne *inserted above line, with point to mark omission*
5235 ki il o. f.

A la tumbe puis demurat,
A tut sun pöeir l'onurat.
Le siecle aprés ceo tut guerpi;
5240   A Gazre vint, la se rendi.
La se mist en religïun
Desuz l'abbé Siridïun.
Vitalïus sa celle i out
5244   Tant lunges cum la meindre vout.
En cele celle fud cil mis:
L'ordre i tint bien qu'il out empris.
Tut sun vivant la celle tint;   83^r
5248   Par bien vivre a bone fin vint.
Li patrïarche Deu loat
E mult de queor le mercïat
Que guardé l'out e defendu
5252   De mesprendre vers le serf Deu.
Plusurs de[s] citeins d'Alisandre,
Par acheisun de cest escandre,
Miez se purvirent en aprés
5256   E ne damnerent moines mes.
En lur ostels les recuillirent
Tut autrement qu'il einz ne firent,
E bien lur firent e onur,
5260   Kar de faire el eurent poür.
Tuz duterent estre deceu
Sicum fud cil ki l'out feru.
Pres de la celle en Alisandre
5264   U Vitalïus soleit meindre
Iert une eglise, u bien suvent
Soelent asembler povre gent:
Numee fud Metre l'eglise.
5268   La parteisun i fud assise
Des audmodnes que gent dunerent:
La pur partir les envëerent.
As jurz asis i acururent
5272   Les femmes, ki legieres furent,

5252 mesprendre] *second* r *inserted above line, with caret*   5254 cestẹ
5255 en apres *written as one word but repeated as two in margin*
5267 Metre] mettre *with first* t *partly erased*

Pur la celle ki fud assise,
Cum a memes de cele eglise.
A l'asembler qu'eles feseient
5276   Les unes as autres diseient:
'Alum, dames, alum en haste;
Seint Vitalïus refeit feste;
Ses cuillettes refeit uncore;   *83ᵛ*
5280   Alum i tutes senz demoere.'
De tel maniere s'asemblerent
Pur les granz biens dunt remenbrerent
Que li seinz hoem lur aveit feit
5284   Tant lunges cum en vie esteit;
E neis uncore aprés ses jurs
Ne lur vout faillir de sucurs,
Kar celes ki maledes furent
5288   Par Deu e lui santé receurent.
Pur lui fist Deu puis granz vertuz;
A sa tumbe guarirent mulz
De diverses enfermetez,
5292   Mes quels e quanz nes ai truvez.
Tels hoem fud [seint] Vitalïus.
Escrit de lui ne truis nient plus.
Merveilluse fud sa maniere.
5296   Il nus aït par sa prëere
A bone vie mener ci,
Qu'aprés peussum aver merci
A cele ure que Deu vendrat
5300   E tuz curages cercherat,
Quant chesun penser serrat veu
E chescun cunseil serrat seu.

    Un povres hoem vint pur requerre
5304   Le patrïarche de bien faire.
Le seinz hoem fist celui venir,
Ki de s'audmodne sout servir
E de l'audmodne qu'il portat

5284 cum *inserted above line, with caret*
5286 vout] *final t inserted above line with single line to mark omission*

5308   Duner al povre cumandat
Dis deniers d'areim: tel munee
Curante esteit en la cuntree.
Li povre, al prendre cele aumodne,   *84ʳ*
5312   Al patrïarche en dist rampodne:
Poi lui semblat que lui out feit
E que plus faire lui deveit.
U poi u nient l'en mercïat;
5316   De plus duner le chalengat.
Quant ses serganz eurent oï
Cument cil lur seinnur laidi,
Par le povre hume damagier
5320   Vuleient lur seinnur vengier:
Seisir e batre le vuleient;
En un cunseil tuz en esteient;
Mes li seinz hoem lur defendi
5324   Que nel feisent, e respundi:
'Lessez ester, nel damagiez!
Bien seisante anz sunt ja passez
Que jeo cheitif, par mun pechié,
5328   Ai Jesu Crist trop curucié;
E ne puis jeo dunc tant suffrir
Que cist me die sun pleisir
D'une rampodne sulement,
5332   Quant tant vers Deu mespreng suvent?'
Dunc dist al livrur de s'audmodne
Qu'al povre ki lui dist rampodne
La burse uverte abandunast;
5336   Tant cum lui ploust, preist e portast.
Mult serreit fort ore a truver
Tel huem pur audmodne duner.

      Que d'audmodne, que d'aumodniers
5340   Parlat seint Johan volentiers;
De tel mateire sout parler;
A tels genz se sout acuinter.

5314 que *inserted above line, with no omission mark*
5336 p. e. enportast   5338 hume

Traire les sout hors d'autre gent   *84ᵛ*
5344   Chescun par sei privëement.
De lur maniere mult enquist
Cument chescun s'aumodne fist.
En grant cunseil chescun en tint
5348   E dist: 'Beal frere, dunt vus vint
Que vus tel chose faire enpreistes?
Cument primes vus entremeistes?
Est vus ceo venu de legier
5352   Que l'um vus tient tel audmodnier?
Est vus ceo venu de nature
Senz mettre peine e trop grant cure,
U vostre queor i avez trait
5356   Par force que lui avez feit?'
Asquanz del tut s'en escuserent
Que puint d'audmodne ne dunerent:
Huntus de la demande esteient,
5360   Par tant cunuistre nel vuleient.
De tels i out qui bien cuneurent
E quant e cument empris l'eurent.
Entre les autres, uns i vint
5364   Ki mult grant lieu as povres tint:
Seint Johan le mist a reisun
E prëat qu'il deist l'acheisun
Par quei d'audmodne s'entremist,
5368   E cil lui cuneut tut, e dist:
    'Sire, pur veir, jeo ne duins rien,
N'entend que face puint de bien;
Ceo, nepurquant, que Deu me preste,
5372   Par vus e par vostre requeste,
D'avant duner en custume ai,
Sulum ceo que vus cunterai.
    Le queor oi ja mult endurci,   *85ʳ*
5376   Senz pitié fui e senz merci,
De povre gent pitié n'aveie,
U poi u nient pur Deu feseie.
Tels fui tant que me meschaï

5356 en a. f.   5359 De la d. huntus e.

5380   E de mun aveir mult perdi.
        De jur en autre creut ma perte
        Tant qu'en chaï tut en poverte.
        Tut fust ceo tart quant m'averti
5384   Cument j'oi Deu mis en ubli,
        Mei memes a reisun en mis
        E parlai sulum mun avis:
        "Si vus," ceo dis, "tels estïez
5388   Qu'aumodne faire vulïez,
        Pur veir ja Deu ne vus faudreit,
        Ja senz sucurs ne vus lerreit."
        Dunc pris en queor que tant en freie
5392   Que cinc deniers d'areim durreie:
        Tant chescun jur vuleie faire,
        Mes deable m'en fist tost retraire.
        Changer me fist tost mun curage
5396   E penser que c'iert mun damage,
        Kar pur ces cinc deniers d'areim
        Murreient mes enfanz de feim;
        Miez en serreit chous achater
5400   U faire les, sevaus, bainner.
        Ne me lessat li deable en paeis;
        Par tant, de mun bien me retrais:
        Quanque pur Deu duner vuleie
5404   Avis m'esteit que jeol sacheie
        Cum hors des gules mes enfanz,
        Dunt jes feseie peinqueranz.
        Quant jeo me senti tant suppris   *85ᵛ*
5408   Mun sergant apelai, e dis:
        "Dunez del mien pur Deu amur
        Cinc deniers d'areim chescun jur.
        Que mot n'en sace, les m'emblez
5412   E senz mun seu les despendez."
        Jeo cumandai deniers duner
        Pur ceo que jeo sui munëer.
        Cil oï mun cumandement
5416   Mes il emblat plus largement:

5397 pur] par *with* pv *written above the first two letters*

Jeo lui dis cinc, il m'emblat dis,
Mes de tut ceo guarde ne pris.
Suvent prist duze, suvent plus,
5420   E tut dunat as busuinnus;
E quant ce aparceut que le mien
De jur en autre creut en bien,
Treis souz ensemble emblat le jur
5424   E tut dunat pur Deu amur.
Un jur m'enpris a merveiller,
Quant tant me vi crestre e munter,
Que Dampnedeu me dunat tant.
5428   Dunc parlai e dis al sergant,
"Pur veir, a bien nus sunt turné
Les cinc deniers qu'avez duné;
E quant en avum tant bien pris,
5432   Desore vuil qu'en dunez dis."
A ceo respundi li sergant
E dist mei, cum en surrïant:
"Mettez peine de Deu prëer
5436   Tant qu'il m'aït a bien embler,
Kar si ne fust mun lar[e]cin,
Tuz mendïanz fussum en fin.
Nus n'eussum neis pain a mangier   *86ʳ*
5440   Si jeo ne seusse miez embler;
E si lerres est dreiturier
Jeol sui, kar bien faz cel mestier."
Dunc me cuneut qu'il aveit pris
5444   Bien plus deniers que ne lui dis:
Par dous souz, par treis, emblé m'out
E duné si que n'en soi mot.
Par ceo que j'oï e vi tant
5448   De la bone fei mun sergant,
Puis cele ure m'acustumai,
E de bon queor del mien dunai.'
    A seint Johan ki cest oï
5452   Plout mult cest cunte e respundi:

5421 ceo *with* o *erased*
5423 souz *added above line with no omission mark;* emsemble
5425 a esmerueiller   5434 mei] lui

'Mult ai oï e mult ai veu,
E suvent ai en livres leu
De prudes humes en ariere,
5456   Quele iert lur vie e lur maniere,
Mes tel afaire mes n'oï
Cum dit m'avez e cuneu ci.'

    Dous hauz humes, ne sai pur quei,
5460   Se descorderent entre sei.
Seint Johan les vout afaiter,
Mes il n'i pout rien espleiter:
Nes pout li seinz hoem a peis traire
5464   Pur l'un d'eus ki fud de mal eire.
Cil haï l'autre mortelment:
Nel pout l'um traire a ameisement.
Li seinz hoem mult l'amonestat
5468   Mes, quant a peis rien n'espleitat,
Quant rien n'i valeit sa prëere,
Uvrer en vout d'autre maniere.
Un jur mandat e fist venir   *86*^{v}
5472   Celui ki nel deinat oïr.
Il le mandat cum pur el fust
Qu'a la cumune turner deust.
En sa chapele atant entrat,
5476   A messe dire s'aprestat.
De tuz ses clers ne suffri nul
A cele messe, fors un sul.
Pur lui servir cel sul retint
5480   E le riche hume quant il vint:
Avant d'eus treis plus n'i aveit,
La messe asez privee esteit.
Li prud hoem fist mult seintement
5484   Quanqu'apendeit al sacrement.
Quant de la messe dit aveit
Tant qu'a la patre nostre esteit,
Dire la deveient tuz treis
5488   Sulum l'usage des grezeis. —

5475 entraṣt   5482 L. m. priuee asez e.

Tuz la dïent entre grifuns;
Entre les latins la dit uns;
Entre latins tuz deivent taire;
5492   Sul la deit dire li pruveire,
Mes nepurquant devers la fin
Li clerc respununt en latin —
La patre nostre dire deurent
5496   Les treis ki a la messe furent.
Tuz ensemble la cume[n]cerent
E tant lunges avant chanterent
Qu'a ceo dire furent venuz
5500   U mult se deivent duter tuz:
En la patre nostre chanter
Grant poür devum tuz aver
Qu'a Deu disum: 'Ceo releissez
5504   Dunt ver[s] vus sumes endettez
Sicum noz detturs releisum.'
Dur cuvenant en ceo feisum,
Dunt en grant peril nus mettum
5508   Si de guarder ne nus penum.
Quant tuz treis furent a ceo dire
Seint Johan en fist sun clerc taire
Par signe u semblant qu'il lui fist.
5512   Od ceo il memes rien n'en dist.
Quant l'un e l'autre issi se teut
Li riches hoem sul pardist tut,
Mes ne sout pas que ceo deveit
5516   Que l'un e l'autre teu s'esteit.
Dunc vit li seinz hoem lieu e tens
De mustrer quel fud sun purpens,
Kar tut par bel, en grant duzur
5520   E par semblant de grant amur,
Vers cel haut hume se turnat,
Ki de ceo guarde ne dunat,
E dist lui: 'Guardez que ceo seit
5524   Que vus ci deistes ore endreit
A Dampnedeu, e pernez cure

87^r

5512 O. tut ceo   5513 & 5516 li un e li a.

De la grant hisdur de cele ure,
E del veir cors Nostre Seinnur
5528   Dunt devum tuz estre en poür.
A Dampnedeu ci dit avez,
"Sicum jeo perduins, pardunez." '
Quant li seinz hoem aveit dit tant,
5532   Li riches hoem de maintenant
De la parole fud suppris:
Sicum de feu fust tut espris.
Ne pout ja suffrir a nul feor   *87ᵛ*
5536   La turmente qu'il out el queor.
As piez le seint hume chaï
Cum cil ki mult fud esbaï,
E dist lui: 'Tut sui aprestez
5540   A quanque vus me cumanderez.
Cum vostre serf vus sui tut prest
Cum de faire ceo que vus plest.'
De cele ure tant s'amendat
5544   Qu'a sun enemi s'acordat:
Amur lui tint, fei lui guardat.
Seint Johan el ne demandat.

    Ceo reaveit seint Johan en us
5548   Que, quant il veist hume orguillus,
A lui memes rien n'en parlast
Par quei d'orguil le chastïast,
Mes, quant il fust privëement
5552   E veist celui qu'il fust present,
Humilité dunc meist avant
E mult en alast sermunant.
Cum de sei memes sout parler
5556   E sei memes d'orguil retter,
Que l'orguillus s'en retraisist
Quant de sei dire tant l'oïst
E preist de lui esperement
5560   Tant qu'il se portast humblement.

5538 C Cum, *with mark round the first* C
5547 Johan] Jon *inserted above line without omission mark*
5557 Q. li o.

Vers celui neis semblant n'en feist,
Mes oanz tuz parlast e deist:
  'Mult m'esmerveil, mes chiers seinurs,
5564 Que tant sui turné a reburs
E tant trai a cheitiveté
Que ne pens de l'humilité
Par ki li fiz Deu s'abeissat;   88^r
5568 En terre vint, e se mustrat,
Mes par orguil e par desdein
Vois tesant d'estre suverein
Sur mes freres, dunt endreit sei
5572 Chescun asez vaut miez de mei;
E par tant vois a ceo tesant
Qu'un poi sui plus d'aveir manant,
U poi plus beaus, u plus puissant,
5576 U pur onur dunt sui avant
U pur baillie que jeo tieng.
Ne sai si ja a chief en vieng.
De la parole pens petit
5580 Que Jesu Crist, li fiz Deu, dit:
"Apernez de mei, qu'humble sui;" —
E de mun queor a ceo m'apui —
"Jeo sui süef e deboneire;
5584 Par cest aprendre, e par cest creire,
A voz aumes repos avrez;
Par humble estre le truverez."
Trop pens poi de la seinte gent
5588 Ki furent ancïenement
E sei memes tant poi preiserent
Par tant que Deu de queor amerent.
    Abraham petit se preisat
5592 Q[ua]nt terre e cendre se numat.
    Li rei Davi, quant de sei dist
"Verm sui, nient hume," vil se fist.
    E Moÿse a ki Deu parlat,
5596 Quant sun poeple lui cumandat,
Ne sout parler, ceo lui diseit,

5595 Moyses

Kar enpechee lenge aveit.
 Haut prophete fud Ysaïe,   *88ᵛ*
5600 E vit Deu cum en ceste vie.
Quant tel onur lui out Deu feit,
Levres, ceo dist, ordes aveit.
Ki sui jeo dunc, humbles, cheitifs,
5604 Quant si firent li seint jadis?
 Dunt vient qu'orguil tant sur mei trai?
Dun, ne sui jeo tut feit de tai,
Sicum la tiule est de tai feite?
5608 Dun, n'iert de mei cum de flur chaete,
Ki tant tost est desculuree,
U cum herbe quant est fauchee,
Ki tost flestrist e fein devient,
5612 E sa verdur mes ne retient?'
 Li seinz hoem ki sout mult de lettre
Sout tels paroles avant mettre.
Cum de sei memes ceo diseit,
5616 E plus asez, kar mult saveit.
Par tant feseit de l'orguillus
Cum mirje feit del malengus
Quant fer e feu met pur arder,
5620 E ceo lui feit tut pur aider.
De l'orguillus tut ausi fu,
Quant ceo a s'aume vint a pru,
E mult lui turnat a profit
5624 Q[ua]nque li seinz hoem aveit dit,
Kar bien lui diseit sa reisun,
Que de lui surdeit l'acheisun
Par quei li seinz hoem ceo parlat,
5628 E par ceo entendre s'amendat.

 Seint Johan, ki mult humble esteit,
D'humilité parler soleit,
D'humilité qu'il mult amat;   *89ʳ*
5632 D'humilité suvent parlat.
Mult funt ses diz bien a retraire

5604 si] cil 5631 D'] Pur

Quant nus apernent de bien faire.
'Si nus,' ceo dist, 'en queor meissum
5636   Tant que de Deu entendissum
Cum sa misericorde est grant
E sa bunté, dunt en ad tant,
Ne nus estut ja l'uil lever
5640   E vers le ciel amunt guarder.
Humbles e bas nus tendrïum,
E vers terre reguardrïum.
N'estoet ore parler granment
5644   Cument Deus nus ad feit de nient,
Ne cument fumes tuz perdu
Par deable ki nus out deceu,
E morz fumes par le pechié
5648   U deable nus out trebuchié
Quant passames obedïence,
Dunt nus portames la sentence
Desque li fiz Deu, Jesu Crist,
5652   De cele mort surdre nus fist
E, par sun sanc pur nus espandre,
De cele mort nus deinnat reindre.
N'estoet aparmemes retraire
5656   Les biens que Deu nus deinne faire:
Quanqu'en terre est nus abandune,
Neis le servis del ciel nus dune,
E, quant nus pechum, tant atent
5660   Que vengance de nus ne prent.
En sa nature ne se moet.
En sa puissance tut surpoet.
Les uilz ad suffranz, dunt il veit   89ᵛ
5664   Quanque l'um feit, u tort, u dreit,
E puis del tort tant est suffrant
Que ne nus fiert de meintenant,
Mes bien suvent, quant trespasum,
5668   El feit que nus ne deservum.
Il nus cumforte, il nus blandie,

5637 C. est s. m. g.
5651 deu *inserted above line, with point to mark omission*
5658 servise

E par sa pitié nus recrie.
La pluie feit del ciel venir
5672   Pur nostre vie sustenir.
De tut cest lessum ore ester,
Pur ses buntez en el vëer.
    Tant ad en terre malfesanz,
5676   Ki vivent el mal jurz e anz
E vunt embler e genz murdrir
Pur ceo que lur est tut tolir;
E nepurquant Deu les defent,
5680   Tant cum lui plest, que l'um nes prent
Pur faire d'eus tel jugement
E tel justice cum apent.
    Tant ad d'utlages en la mer
5684   Ki vunt e vienent pur robber
Les nefs qu'il poënt encuntrer,
La gent, ki laenz sunt, neis tüer,
E nepurquant Deu ne lur rent
5688   Ceo qu'il deservent erranment.
Nes suefre enfundrer en la mer,
Mes les cumande deporter
Tant que, par lur pechié guerpir,
5692   Peussent a amendement venir.
    Tanz sunt ki jurent tut le jur
Le cors, le sanc Nostre Seinnur,
E se parjurent a escient,   *90^r*
5696   E Deu sur tut ceo les atent.
De rien nes veit pur ceo grevant,
Tant est deboneire e suffrant.
    Tanz vunt pur faire larecin,
5700   E ki n'encuntrent par chemin
Male beste ki lur forface,
Mes de repentir unt espace.
    Tanz se mettent en suzterrins
5704   E vunt querant arz e engins
De traïsuns e noises faire,

5671 uenir *repeated in margin*   5686 genz
5693 tut le] tute

       Senz encuntrer puint de cuntraire,
       Kar Deu les guarde e les defent
5708   Tant que n'hume ne chien nes prent,
       Tut seient mis pur eus gueiter:
       Senz damage les feit passer.
         Quant jeo memes gis a la fie
5712   Od femme de legiere vie,
       U mis me sui en cumpainnie
       De genz ki sunt en beverie,
       U mis me sui entre tel gent
5716   Ki parolent vilainnement,
       U mei memes ai trebuchié
       En aucun autre laid pechié,
       Dunc vunt les es ki le miel funt
5720   E quierent ceo dunt mestier unt,
       Que par eawes, que par valees,
       Que par cerchier plusurs cuntrees,
       Pur miel faire, dunt mun desir
5724   Me vienge, a ma buche enducir,
       Dunt tant d'ordure faz suvent
       Par trop parler vilainnement.'
       Ne feit a creire qu'issi fust   *90ᵛ*
5728   Que li seinz hume od femme just,
       Ne que se meist en cumpainnie
       De genz ki firent tel folie;
       Mes, pur autres [tant] miez atraire
5732   Que se guardassent de meffaire,
       E pur autres tant miez reprendre,
       Sei memes sout culpable rendre.
       Le mien avis de cest dit ai.
5736   Ses paroles ore dirrai:
         'La grape fors de la vidne eist,
       La pent e la enmaürist,
       Que pleine buche en peusse aver
5740   E que mun queor s'en peust heiter,
       Dunt cuntre Deu trespassé sui

5707 *omission accents before* defent, *and* e les *in margin*   5715 tele g.
5724 *erasure after* vienge, *with point to mark omission, and* a *in margin*
5725 de *inserted above line, with caret*

Mult autrement que je ne dui.
    Mult s'espanissent bel les flurs
5744   E mult gettent bones udurs,
Dunt mult se soelent deliter
Les uilz ki turnent de legier
Pur autrui femme reguarder,
5748   Par fol semblant vers lui mustrer
De fol amur qu'il en queor unt;
Quant el ne poënt, semblant funt.
    Del bon fiier vient bone fie;
5752   Grosse devient, que bien emplie
En seit la main ki malmanie
Autrui femme par vilainie.
Cele memes de sa duceur
5756   Grant buchee feit al lecheur,
Ki beise femme ki n'est sue
Mes ad sun barun ki l'avue.
De cest nus devum mult duter,
5760   De cest, beaus freres, mult penser,   *91ʳ*
Quant cuntre Deu tant mespernum
E tels guereduns recevum,
Quel nostre fin estre devrat
5764   Quant l'aume del cors partirat.'
      Seint Johan sout a bien turner
Mult de la gent par si parler.
En ses paroles out en us
5768   Que bien suvent, u tut le plus,
Memoire de la mort aveit;
E de ceo feseit sun refreit,
Quel dulur serrat al murir
5772   Quant l'aume deit del cors partir,
E cum hisduse iert dunc cele ure,
E qu'avantmain en preist l'um cure.
Par tels sermuns dire suvent
5776   Amendat li seinz hoem la gent:
Plusurs al partir se cuntindrent
Mult autrement que quant la vindrent;

5759-60 *appear in the reverse order (see note)*

Tels i vindrent mult baudement
5780 Ki partirent mult humblement;
Tels i vindrent mult enveisant
Ki s'en partirent tut plurant.
Dunc dist li seinz hoem quant ceo vit:
5784 'Beaus freres, veir dire vus quid
Qu'a salu d'hume suffist bien
Si sun purpens ne met a rien
Fors tuz tens penser de la mort,
5788 Cument le passer serrat fort,
E cument iert, quant vendrat l'ure
Ki tant serrat hisduse e dure,
Quant partir s'en devrat chescun   *91ᵛ*
5792 Senz aver od sei cumpainnun
Fors ki bien ad feit en sa vie —
Ceo vaudrat dunc en cumpainnie;
E quel anguisse l'aume avrat
5796 Quant les angeles encunterrat,
Si miez avant ne seit purveue
Einz que del cors se seit eissue;
E puis, quant vuldrat demander
5800 Respit pur sei miez amender,
Cument lui serrat respundu:
"De tut le tens qu'avez vesquu
Qu'en avez feit, qu'est devenu,
5804 E cument l'avez despendu?" '
  Quant li seinz hoem tant dit aveit,
Cum de sei memes rediseit:
'Humble Johan, cument le frez?
5808 Ces bestes cument passerez
Ki se tapissent en cel ros,
Si vus i passez senz ados,
Quant cil la vus encunterrunt
5812 Ki tant dur vus chalengerunt?
Allas, quel poür l'aume avrat
Quant par la passer l'estuvrat,
Quant ele i iert a reisun mise

5801 renspundu 5814 estuuerat

5816   De quanqu'ele avrat ci mesprise,
E cil ki la chalengerunt
Amers e crüels lui serrunt.'
    Li ros se moet legierement
5820   Quant est tuchié d'un poi de vent.
Il sout mult relment estre estable.
De tel maniere sunt li deable.
Il sunt senz estabilité;   92^r
5824   En eus n'ad puint de lëauté.
Pur ceo est escrit, al mien avis,
Que deable se sunt el ros mis,
Par tant qu'il unt del ros semblant,
5828   Ki ça e la se veit toertant.
    Un prud hoem out nun Symeün.
De la sue religïun
E de sa vie escrit truvum
5832   Tant qu'a merveille le tenum.
Nel poet l'um fors a peine creire,
Kar il se fist columnes faire.
De trente teises tele i out,
5836   E sur un pié en sum estut
Un an entier, kar l'autre pié
Malade aveit e meseisié.
Purrie lui fud une quisse.
5840   Faute out del pié pur cele anguisse.
Miracle fud si tant estut,
Si tut cel tens ne sist ne jut.
A seint Johan suvent suvint
5844   D'une avisïun ki avint
A seint Symeün en sa vie.
Bien qu'il oïst n'ublïast mie.
En avisïun veu aveit
5848   De l'aume, quant del cors s'en veit,
Quels encuntres ele ad a l'ure
De maufez, ki lui curent sure
E vienent de plusurs parties,

5824 puint de] nul *followed by erased* e, *but above the line appears* p
puint de   5839 f. la u. q.   5842 juṣt

5852   Kar parti sunt par cumpainies.
        Les angeles del ciel, nepurquant,
        La vienent primes encuntrant,
        E li maufé vienent aprés,   *92ᵛ*
5856   Ki mult lui sunt dur e engrés.
            Vers lui se met Orguil avant,
        Ki mult la veit estreit gueitant
        Od quanqu'il ad de cumpainnie,
5860   Ki mult i gueite e mult espie
        Si rien del soen i peust truver
        Dunt face a l'aume desturber.
            Aprés se met Detractïun,
5864   Mes ne vient pas senz cumpainnun;
        Asez ad siute ki mult gueite
        Si rien i ad dunt seit retreite,
        Si de detraire e mesparler
5868   Rien i troeve que chalenger
        Dunt penance feite ne seit,
        Kar penance pechié desfeit.
            Luxure e Fornicatïun
5872   Vienent aprés Detractïun.
        Granz cumpainnies od sei unt
        E cuntre l'aume tutes vunt.
        Cil lur deliz vienent gueiter
5876   Si l'aume en truissent puint aver.
            Les autres vices ensement
        La vunt gueitant estreitement,
        E de querre mectent grant peine
5880   Si puint i eit de lur uvraine.
        Quant lä aume iert del cors eissue
        E vers le ciel serrat venue,
        Dunc iert mestier que Deu la guard,
5884   Kar dunc se trarrunt d'une part
        Le[s] bons angeles; a lur partir
        Iert l'aume mise al cuvenir.
        A l'ure aider n'i porrat rien   *93ʳ*

5860 i] ci *with* c *erased;* espie] espe *with final* e *erased and* ie *added in
margin*   5877 *above* vices *is written* p maufez
5880 uueraine

5888 Fors ceo qu'ele avrat feit de bien.
  De cest sout seint Johan penser,
 E mult s'en soleit espoenter.
 A ceo mist grantment de sa cure
5892 Que tuz tens pensast de cele ure.
  Cest pensat de seint Symeün.
 Un autre out nun Hylarïun,
 E cil religïus esteit,
5896 E granz vertuz en sei aveit.
 Quant cil prud hoem deveit murir,
 E senti s'aume envis partir,
 Forment l'enprist a chalenger
5900 Quant la senti poür aver:
 'Humble aume,' ceo dist, 'que dutez?
 Quatre vinz anz servi avez
 Jesu Crist, nostre bon Seignur,
5904 E d'ore eissir avez poür?
 Eissez, tut seit que vus remorde;
 Deus est pleins de misericorde.'
  De cest hume repensat mult
5908 Seint Johan, e cument dit out;
 E dist: 'Si cil ki peine mist
 De servir tanz anz Jesu Crist,
 E ki tel grace pout aver
5912 Qu'il pout les morz resusciter,
 E fist miracles e vertuz
 Dunt fud alosez e cuneuz,
 De cele ure poür aveit
5916 Par tant qu'amere la senteit,
 Humble Johan, que frez a l'ure?
 Que dirrez quant vus currunt sure
 Cil ki tant vus chalengerunt   *93ᵛ*
5920 Qu'enmi le vis vus esterrunt?
 Trop dur encuntre en eus avrez
 E trop crüels les truverez.
 Estreitement vus cercherunt;
5924 Puint de pitié de vus n'avrunt.

5916 senteit] sent *(erasure and gap) and* teit *in margin*

A quanz avrez reisun a rendre?
As quels porrez primes entendre?
A ces que dirrez tut avant
5928   Ki de menceunge vunt cerchant?
A ces quel iert vostre respuns
Ki vunt cerchant detractïuns?
De crüelté e d'avarice,
5932   E de tenir en queor malice,
D'estre en häange e de parjure,
Que dirrez quant vus vendrunt sure
Pur faire sur vus cercherie,
5936   Chescun d'eus od lur cumpainnie?'
Li seinz hoem mult se dementeit
Quant tels paroles dit aveit.
Puis prëat Deu de tel maniere:
5940   'Sire Deu, reusez les ariere.
Force d'hume n'ad le poër
Par quei lur peusse cuntrester.
Vus, ki sul aider nus poëz,
5944   Voz seinz angeles nus envëez.
Feites les venir nus guïer
E nus defendre e nus guarder,
Kar mult est grant la deverie,
5948   E mult est forte cele actie
Que maufez unt vers nus enpris,
Dunt en grant poür sumes mis.
Hisdur i ad e poür grant   *94*^r
5952   De sul aler tanz encuntrant;
Tel poür iert en l'eir munter,
Cum cuntre vent la mer passer.
Quant par païs aler vulum,
5956   E noz guïurs od nus menum
Pur mener nus d'une cité
Desqu'en une autre en sauveté,
Si nus prëum qu'il ne se feinent
5960   Mes lëalment e bien nus meinent
Tant qu'en fosse ne trebuchum,

5936 cůpainnie

U sauvagine n'encuntrum,
U quant ewes devum passer
5964 Ne nus estoesce periller,
U, par dreite veie guerpir,
Ne nus face sur munt rampir
U chemin n'ad ne nul trespas
5968 Mes grant descens del haut en bas,
U qu'entre laruns ne viengum,
U que fors veie tant n'algum
Par quei viengum en grant desert
5972 U neis ewe truvee n'iert.
Granz guïurs nus estoet aver
De quel force, de quel poër,
Ki bien nus guardent e sauf meinent
5976 E dreite veie nus enseinnent
Quant l'aume iert mise a lung aler,
Cum hors del cors al ciel munter.'
De tel mateire bien suvent
5980 Tint seint Johan sun parlement.
Senz e saveir mult grant esteit
Tut quanque de sa buche eisseit,
Que pur sei memes amender,   *94ᵛ*
5984 Que pur autres a bien turner;
Pur sei memes en sout penser,
E pur autres en sout parler.

Seint Johan mult s'entremetteit,
5988 Le jur qu'estacïun esteit,
Ke li poeple bien la guardast
E que del mustier fors n'alast,
Kar plusurs furent custumier
5992 De suvent eissir del mustier;
Quant l'evvangeile leue i fust,
Gueres nul puis n'i arestust.
Li seinz hoem vout cest amender
5996 E qu'il remeissent al mustier,

5969 viengum] i *inserted above line, with rough caret*   5989 Ke] Ki
5991 custumierṣ

E qu'a usdive n'entendissent,
Mes lur prëeres a Deu feissent.
Li prud hoem pensat ci entur.
6000   Oëz que fist li bon pastur.
Bien i deit l'um mettre l'oreille,
Kar un jur, aprés l'ewangeile,
Quant s'aparceut que mult eissirent
6004   E puint de bien defors ne firent
Fors tenir la lur parlement,
Dunt puint ne surst d'amendement,
Il memes eissi de l'eglise
6008   Ki deut la feire le servise.
Tost aprés l'evvangeile eissi,
Lessat la messe, e ces siwi.
Vers eus se traist, entre eus se mist,
6012   Sudëement entre eus s'asist.
Bien poet estre que revestu
Cum de l'auter iert survenu.
Ki ceo virent esbaï furent,   95ʳ
6016   Kar s'e[n] venir mes veu ne l'eurent.
Ne feit a mettre en ublïance
Ceo qu'il lur dist dunc en oiance:
    'Beaus fiz,' ceo dist, 'bien semble dreit
6020   Que berchier od sez berbiz seit.
U vus entrez e j'entrerrai,
U ci sëez e j'i serrai,
Kar jeo vieng pur vus a l'eglise,
6024   Pur faire vus vostre servise.
Messe chanter asez porreie
Privëement, si jeo vuleie,
U bel me fust en l'eveschié,
6028   Mes pur vus servir l'ai lessié.'
        Par treis eires issi le fist,
E le poeple par tant aprist
Que de l'eglise mes n'eissi
6032   Tant que le servise eust oï.
Trestut le poeple s'amendat,

6003 eisserent

Par tant que chescun se dutat
Que li seinz hoem aprés venist
6036   E feist uncore ceo qu'einz fist.

    Ne suffri pas que l'um parlast
Tant cum le servise durast.
Li seinz hoem fist que ceste asise
6040   Fud bien guardee en seinte Eglise.
Quant il i veist hume parler
Hors del mustier le fist aler;
Hors tut a veue le metteit,
6044   E tels paroles lui diseit:
    'Si ci venistes pur urer,
De ceo vus devez mult pener;
E buche e queor tut i mettez;   *95ᵛ*
6048   Bone prëere par tant frez.
Si venuz estes autrement,
Cum pur ci tenir parlement,
Feit avez dunc cuntre l'escrit
6052   Ki de la meisun Deu nus dit
Que c'est la meisun d'ureisun;
Ne la feites fosse a larrun.'

    De seint Johan merveille esteit
6056   Qu'avant qu'il fust evesche feit
Entre moines ne s'iert rendu;
Ordre de clerc neis n'out receu;
Ne sout pas hanter seinte Eglise
6060   Cum pur faire puint de servise,
Mes la se tint cum hume lai
Ki de sei memes ne tint plai.
Il aveit eu sa femme espuse
6064   Sulum la lei que lai hume use,
Mes nepurquant, quant issi fu
Que seinte Eglise l'out esleu
E que le sacre aveit receu,
6068   Par quei patrïarche feit fu,
Memes l'ure bien cumençat,
E tant el bien creut e muntat

Que par bien creistre en granz vertuz
6072   Des heremites passat mulz,
E de ces passat grant partie
Ki ja menerent dure vie.

Tut n'eust li seinz hoem moine esté,
6076   E que cel habit n'eust porté,
Moignes nepurquant tant preisat
Que lur cumune desirat.
Par tant pensat a moignes faire   96^r
6080   Tant qu'il l'eussent en lur memoire.
Il fist tanz moignes asembler
Dunt dous beauz cuvenz pout aver.
A ces truver, establi tant
6084   Qu'asez eussent par avenant
Des biens que Deu lui out presté,
Qu'en ses viles, qu'en la cité.
En dous mustiers les asenblat,
6088   E celle a chescun i truvat.
L'un de ces mustier[s] lever fist
En nun la mere Jesu Crist;
En nun seint Johan fist lever
6092   E parfaire l'autre mustier.
As mustiers mist ces dous cuvenz,
E dist a tuz, quant les mist laenz:
    'Aprés Deu, tant vus purverrai
6096   Que quant as cors vus sustendrai,
E vus de m'aume pernez cure
Quant asemblé serrez a l'ure.
Pensez que ceo que vus ai feit
6100   A la salu de m'aume seit.
Vespres, matin[e]s, tut adés,
Pur mei dirrez, e puis aprés
Ceo que vus en voz celles frez
6104   A voz aumes tut retendrez.'
Par ceo dire, vout que bien feissent
E que lur queors tant miez i meissent.

6083 A c. establi truuer t.

Tenue fud cest'establie
6108   Tant cum li seinz hoëm iert en vie,
E puis asez; ne sai si dure
En tel estat desqu'a ceste ure.
Mes nepurquant en Alisandre   *96ᵛ*
6112   A grant essample vint cest ordre,
Kar plusurs par la cité firent
Ceo que le[s] moignes faire virent:
En divers lieus de nuiz leverent,
6116   E matines de nuiz chanterent.

   Li patrïarche d'eresie
Bien se guardat tute sa vie.
Erites tut tens mult haï
6120   E lur cumpainnie fuï,
Pur la fei Deu qu'il tresturnerent,
Dunt mult out genz ki meserrerent.
Il sout la gent amonester
6124   Qu'il se deussent de tels guarder.
      'Sur tute rien,' ceo dist, 'guardez
Qu'od erite ne cumunez.
Vus n'en serrez puint amendez
6128   Par estre a eus acumpainnez.
Onur ne pru ja n'en prendrez
Fors que malüez en serrez.
Tut avienge qu'en seinte Eglise
6132   Ne peussez venir al servise,
U que, par estre dechacié,
Ne peussez estre acumunié,
Neis en la fin de vostre vie;
6136   Ne vus traëz vers l'eresie.
Miez est la dreite fei tenir
E senz cumunïun murir
Que, pur cumunïun aver,
6140   Od erites s'acumpainner.
Si Deu e lei defens unt feit
Qu'hume, ki sa femme espuse eit,

6125 c. d. u⁹ g.   6127 puinz

Puis qu'a cele se serrat pris,
6144   Tut voist il neis hors del païs,
Trespas ne face de sun cors
Tant lunges cum il serrat hors
Par autre femme purgisir,
6148   Dunt asise est peine a susfrir,
Cument devum estre purveu,
Ki la fei Deu avum receu,
De nus tenir en seinte Eglise
6152   En la lai ki nus est asise?
A Jesu Crist nus sumes pris,
Cum hume e femme ensemble mis.
Quant par amur sunt alïez
6156   Tant qu'il se sunt entreespusez
E, puis qu'ensemble sunt venuz,
En lëauté se sunt tenuz,
Sicum seint Pol l'apostle dist:
6160   "Un sul espus, c'est Jesu Crist,
Cum virgene chaste aver vus frai;
A lui sul vus espuserai."
Si la fei Deu tant trespassum
6164   Que cum avuiltres en seium
Par cumune aver od erites,
Cument quidez en serrum quites
Que nus n'estoesce od eus partir
6168   As peines qu'il devrunt suffrir
Quant a l'autre siecle vendrum,
E la cumune od eus avrum?
Kar ceo est dit cumunïun
6172   Que plusurs feit tenir se a un,
E cil ki se met en cumune
De ferm ester sa fei i dune.
Pur ceo, beaus fiz, bien vus gueitez.   *97^v*
6176   De tel cumune vus guardez.'

Tut oïst seint Johan nuvele

6167 estoesce] s *inserted above line before* c   6171 K. de ceo e.
6176 cumunes   6177 nuueles

Ki ne parust bone ne bele
De grant trespas e grant surfeit,
6180 Ja pur ceo ne s'esmuvereit
Tant que celui damner vousist
Ki la fole fesance fist.
Neis uncore ne suffri tant
6184 Qu'autre le damnast sun oiant.
Un essample de tel mateire,
Quant bien en surt, bien feit a dire.
    Un joefnes hoem de cel païs
6188 D'une nunein esteit suppris.
De s'abbeïe la fortraist:
N'apent a dire que plus feist.
Puis fuï vers Constantinoble;
6192 Trop les aveit suppris li deable.
Mult fud seint Johan cuntristé
Quant l'afaire lui fud cunté.
Dolenz [en] fud cum a la mort;
6196 N'en pout el queor prendre cumfort.
Passat li tens aprés cele ure.
Avint un jur par aventure
Que li seinz hoem asis se fu
6200 Entre ses clers, mes ne sai u.
D'aumes sauver od eus parlat:
De ceo parler ne s'alassat.
Entre les clers esteit aucun
6204 Ki de celui fist mentïun
Ki la nunein out amenee,
Dunt l'escandre iert en la cuntree.
Tantost cum cil i fud numez   98ʳ
6208 Les clers ki furent asemblez
D'une buche l'escumengerent;
Perdu e damné le jugerent
Cum celui ki tant out mesfeit
6212 Que dous aumes perdu aveit:
C'iert la sue, tut avantmein,
E puis aprés, de la nunein.

6185 esseimple   6206 li e.

Tut sul fud de la cumpainnie

6216 Seint Johan ki nel damnat mie.
Il sul les autres chalengat,
E qu'il se teussent cumandat.
Les jugemenz lesser les fist,

6220 Dunt tel reisun avant lur mist:
   'Ne dites mes, beaus fiz, ne dites!
En ceo dire, grant pechié feites.
Trop estes hastif de jugier,

6224 Dunt bien vus puis reisun mustrer
Que par faire tels jugemenz
Trespassez dous cumandemenz.
Li uns est d'eus que Jesu Crist,

6228 Fiz Deu, en l'evangeile dist:
"D'autre juger mult vus guardez,
Que memes jugié n'en sëez."
L'autre est que vus ne savez mie

6232 Quele est ore a l'ure lur vie,
E si lur pechié lessié unt,
E repentant e cumfés sunt.
Un essample truis en escrit.

6236 Ore orrez quei l'essample dit.
   Dous moines vindrent en ariere,
Passant par la cité de Tyre.
Demoere faire n'i vuleient   98^v

6240 Par tant qu'aillurs afaire aveient.
Par la cité lur chemin tindrent
Tant qu'il en une rue vindrent.
Une femme de la cité,

6244 Ki trop legiere i out esté,
A lur passer les avisat
E vers l'un d'eus dous s'escrïat:
   "Sauvez mei, beal pere," ceo dist,

6248 "Sicum fist jadis Jesu Crist,
Ki sauvat la femme legiere
Quant a ses piez le vint requerre."

6216 nel] nes   6218 Que il, *with majuscule* E *added in margin*
6229 iugier   6244 i *squeezed into line*   6250 as ses p.

Li moine, ki bien s'aparceut
6252   Que la femme legiere vout,
Tost en aveit sun cunseil pris
Senz ceo que respit en eust quis,
E mist trestut a nunchaler
6256   Quanque l'um pout de lui parler.
Ne teneit plai que genz parlassent,
Tut lui mesdeissent e hüassent,
Tant s'afichat en Deu, par quei
6260   A la femme dist: "Siwez mei."
Aprés ceo, la prist par la mein:
Tut ceo virent bien li citeein.
Tut a veue, de Tyre alat
6264   E cele femme od sei menat.
Tost en surst la nuvele e creut
Tant que genz en parlerent mult.
La parole del moine esteit
6268   Que cele femme prise aveit,
Ki Porfire fud apelee:
Bien fud cuneue en la cuntree.
Li moine alat querant meisun   99^r
6272   Pur la mettre en religïun.
Entreveies en une eglise
Entrerent oïr le servise.
La femme i truvat un enfant,
6276   Senz guarde, a terre sul gisant:
Ceo vint de trop grant crüelté
E de trop malveis parenté
Que si senz guarde iert degeté,
6280   Mes a la femme en prist pitié.
Ele le levat sus de terre,
Sicum lui fust nurice u mere;
Od sei le portat pur nurir
6284   Tant que sei memes seust guarir.
Li moine alat e s'arestut
En tel cuntree cum lui plout,
E la femme nel guerpi mie

6258 m. e le h.   6272 P. mettre la en r.   6276 sul *repeated in margin*

6288 Que ne lui tenist cumpainnie.
    Ele le vint tuz tens siwante
    E cel enfant od sei portante.
    Un an u plus passat avant.
6292 El païs vindrent entretant
    Genz ki la femme bien cuneurent,
    Cum cil ki de sun païs furent.
    Cuneue l'eurent d'en ariere,
6296 Que de sun cors esteit legiere,
    Kar en tels dras uncore esteit
    Cum en ariere user soleit.
    Quant cil virent od lui l'enfant,
6300 E que bel l'alat nurrissant,
    Ne penserent fors que soen fust
    E que li moine engendré l'eust.
    Par tant lui distrent: "Al veir dire,   *99ᵛ*
6304 Bien vus estat, dame Porfire!
    Bele engendrure ad feit l'abbé;
    Beal pulein avez pulené!"
    Quant en lur païs repairerent,
6308 Lur aventures i cunterent.
    Entre autres choses ceo diseient,
    Que Porfire truvee aveient
    E que del moine aveit enfant;
6312 De cest alerent mult parlant.
    Tel nuvele fud espandue
    Par tut le païs e tost creue,
    Kar tel parole est tost receue,
6316 Quant dous i sunt oïe e veue.
    Cil ki les nuveles porterent
    Sulum tel furme les cunterent:
     "Le moine veimes, ki de Tyre
6320 Od sei menat dame Porfire.
    Ensemble sunt, e feit unt tant
    Qu'il unt ensemble un bel enfant,
    E ceo aparceumes, que de chiere
6324 Semble li enfes mult la mere."

   6299 eṁfant 6305 li a. 6309 autres] *final* s *inserted above line*

Quant li moine vit tens e lieu
La femme mist pur servir Deu.
Il la mist en religïun,
6328   Mes ne truis pas del lieu le nun.
Sun premier nun changier la fist
Quant en religïun la mist:
Le nun chanjat qu'ele einz aveit
6332   Quant pecheresce a Tyre esteit:
Porfire iloec iert apelee,
Puis Pelage quant fud velee.
    Li tens aproesçat que li moine   *100^r*
6336   De mes vivre n'aveit essoine.
Saver lui fist Deu que bien pres
Lui fud le jur de sun descés.
Par tant vint a dame Pelage
6340   E dist lui: "Feimes un vëage:
Jeo voil de ci vers Tyre traire,
Par tant qu'el païs ai afaire,
E vuil que vus od mei viengez
6344   E cumpainnie me portez."
Ele ne l'osat pas desdire
Mes le vint siwant desqu'a Tyre.
Set anz out ja li enfes d'eage:
6348   Od sei le fist venir Pelage.
Li moine a Tyre enmaladi;
El, si la mort nun, n'entendi.
Un jur lui vindrent vëer gent
6352   De la cité, bien desqu'a cent.
Dunc dist li moine, tuz oianz:
"Feites m'aver carbuns ardanz."
Porté lui fud plein encensier;
6356   Ne fud d'esprendre nul mestier.
Li moine bien s'aseürat,
L'encensier prist e reversat,
Del carbum ardant le vuidat;
6360   Sur sun habit tut le rüat,

6337 pres] ạpres
6341 voil *inserted above line, with point to mark omission*
6354 F. mei auer

E dist en oiance de tuz
Ki pur lui furent la venuz:
"Pur veir, beaus freres, le sacez;
6364   Sulum ceo que vus ci vëez,
Sicum Deu l'espine guardat
Tant que feu ne la damagat,
E sicum Deu tient ma vesture,   *100ᵛ*
6368   Tut lui seit cist carbun mis sure,
Que ne se sent rien de cest feu,
Sicum vus l'avez trestuz veu,
Guardé m'ad Deu tut ensement,
6372   Tute ma vie, nettement,
Qu'unches a femmes n'aproesçai;
Unches tel pechié n'adesai."
Quant ceste chose fud la veue,
6376   A grant merveille esteit tenue
Cument l'habit ne fud espris
Del carbun ardant k'i fud mis.
Tuz pur le moine Deu loërent
6380   Qu'el iert en lui qu'il ne quiderent;
Kar mult ad Deu serfs entre gent
Dunt nuls fors lui guarde ne prent.
Quant tant i out li serf Deu feit
6384   Que puint suspectïun n'esteit
Que de sun cors eust feit folie,
Tut eust la femme en cumpainnie,
Vëant la gent l'aume rendi
6388   A Deu k'il out de queor servi.
Femmes de vie ceo oïrent;
De lur pechiez se repentirent.
A Pelage s'acumpainnerent
6392   Tant qu'en religïun entrerent.
Quanqu'eles eurent tut guerpirent;
Ceo que Pelage lur dist firent;
Lui siwirent, od lui alerent,
6396   E bone vie od lui menerent.'

6378 ki i   6381 serfs] *final* s *squeezed in, and* i *erased before the word*
6384 Q. p. de s.; esteit *repeated lightly in margin*   6388 ki il
6389 v. ki c. o.   6394 E ceo q.

Quant seint Johan tant dit aveit
Cum a l'essample purteneit,
As clers sa reisun en rendi   *101ʳ*
6400   E dist: 'Pur ceo, beaus fiz, vus di,
Guardez que vus ne hastez mie
De trop tost juger autrui vie.
Suvent veüm qu'hume mesfeit,
6404   Mult autrement qu'il ne devreit,
Quant chiet en fornicatïun
Par asez legiere acheisun,
Mes nus n'avum pas veu cument
6408   Il s'en repent privëement.
Ceo reavum veu e seu asez
D'aucuns, qu'il sunt larruns pruvez,
Mes quele seit lur priveté,
6412   Quels suspirs en eient geté,
U cum en plurent tendrement,
Nel poet dire ki ne l'entent.
Deu le seit bien, nus nel savum,
6416   E par tant juger n'en devum.
Larruns, parjur[e]s e lecheurs
Truvum, et autres maufeiturs,
Mes si feit un[t] cumfessïun
6420   E prise lur penance u nun,
Nel savum pas, sul Deu le seit,
Kar il sul les curages veit,
E si devient Deu cherist mult
6424   Celui que nus damnum de but.'
    Seint Johan de cest tant parlat
Cum la mateire demandat,
E ses clers ki entur lui sistrent
6428   Ses paroles mult en gré pristrent,
E mult de lui s'esmerveillerent
Qu'en doctrine tel le truverent.
Bon meistre e bon pastur parut   *101ᵛ*
6432   En ceo que tant bien dire sout.

6412 geteẓ

     Dous clers en Alisandre esteient,
     Ki de lur travail i viveient.
     De chauciers faire apris esteient;
6436   Tailler e custre les saveient,
     Mes uns d'eus plus del mestier sout
     Kar entre meins plus suvent l'out.
     Tant mist s'entente pur uvrer
6440   Qu'al mustier neis ne vout aler.
     Tuz jurs uvrout, neis le dimeine,
     E ne se guari fors a peine.
     Avant de sun cors mes n'aveit,
6444   Mes n'out fuisun, quanqu'il feseit.
     L'autre ki sout meins del mestier
     Soleit mult hanter le mustier.
     Ne fud pas sul, kar grant meidnee
6448   A sul sun cors iert aturnee.
     Pere e mere, femme e enfanz
     A lui sul furent entendanz.
     Par sul uvrer de sun mestier
6452   A tuz truvat lur estuver.
     Od tut ceo, se guardat d'uvrer
     Les jurz que l'um deveit feirer.
     Cil ki plus sout, mes povre esteit,
6456   De sun veisin envie aveit.
     Lunges se tint, n'en parlat mie,
     Mes nepurquant tant creut l'envie
     Que ne la pout el queor suffrir,
6460   E sa buche n'en pout tenir.
     Un jur sun veisin encuntrat;
     Irëement l'areisunat,
     E dist lui: 'Dittes mei par quei   *103^r*
6464   Vus estes tant avant de mei.
     Dunt vient ceo que vus tant avez,
     Quant gueres ne vus travaillez?
     Asez me travail plus de vus
6468   E nepurquant sui busuinnus.'

6433 *large capital* D *over only one-line start instead of two*
6463 *f. 102^r is blank (see note)*

L'autre, ki sout que la poverte
Granment lui vint de sa deserte,
Traire le vout que s'amendast
6472 Tant que seinte Eglise hantast.
Ne tint plai de sun maltalent,
Mes dist lui mesurëement:
'Quant j'ai mestier, e jeo vois querre,
6476 Truveure truis suvent sur terre,
Dunt bien sui surs, e vois muntant
Tant qu'asez sui riche e manant;
E si vus plest od mei venir,
6480 A la meitié vus frai partir.
Venez quant vus sumunderai
E pernez tant cum jeo prendrai.'
Cil bonement s'i asenti
6484 Quant de sun guain parler l'oï.
A sa sumunce al mustier vint
E cumpainnie en ceo lui tint,
Dunt Deu par tens le reguardat
6488 Tant que sun bien creut e muntat;
En ceo qu'il out, tel fuisun mist
Qu'en brief terme riche le fist.
Cil ki le cunseil out duné,   *102ᵛ*
6492 Quant vit a quel pru fud turné,
La verité tute cuneut,
Que tut iert nient ceo que dit out.
    '[V]ëez, beal frere,' ceo diseit,
6496 'Quel bien une cuntroeve ad feit.
Une mençunge cuntruvee,
Guardez a quel pru est ci turnee,
Quant a vostre aume en avez pru,
6500 E vostre aveir en est bien creu.
Bien le sacez, cum al veir dire,
Qu'unches ne truvai rien sur terre,
Ne jeo sur terre rien ne quis,
6504 Ne par si querre rien ne pris.

6479 pleist   6495 *space left for capital* V *overlooked by rubricator: a*
double line in margin may possibly represent a U
6499 en *inserted above line, with caret*   6502 & 6503 suz terre

Cuntroeve est tut ceo que j'en dis,
Mes pur vus traire a bien le fis.
Vus quidastes tut autrement
6508   Que cunquest eusse, mes c'iert nient,
E nepurquant nel fis en vein,
Kar Jesu Crist dist: "Avantmein
Le regne Deu alez querant,
6512   E tut bien vus vendrat siwant."
Acheisun quis par quei tant feisse
Que, par deceivre, a bien vus meisse.
Jeo vus quis bien tant cum jeo poi —
6516   Par mençunge, quant miez ne soi.
Mes mun travail n'ai pas perdu
Quant il vus est turné a pru.
La mençunge dis a bone ure,
6520   Quant vus en truvez tel truveure.'
     [C]este chose n'iert pas celee
Qu'a seint Johan ne fust cuntee.
Li seinz hoem a tel bien la prist
6524   Que des dous clers venir se fist
Celui ki out cunseil duné   *103ʳ*
Dunt sun veisin iert amendé.
Digne le tint qu'il onur eust
6528   E que plus haut en ordre fust.
Desqu'a cele ure lictre esteit,   *103ᵛ*
Mes tost aprés fud prestre feit;
Li patrïarche l'ordenat
6532   Pur le bon cunseil qu'il dunat.

     Mult fist, en cel tens, de traverse
En plusurs lieus la gent de Perse.
Mult firent maus par muver guerres
6536   Dunt il cunquistrent asez terres.
De terre en autre tant alerent
Que vers Alisandre aproescerent;
Laendreit vindrent la cité prendre,

6521 *space left for capital* C *overlooked by rubricator despite* .c. *in
margin*

6540 Ki ne se pout vers eus defendre
Que prise ne fust u rendue,
Kar ne se serreit pas tenue.
Ceo fist le pechié de la gent
6544 Que Deu nes guardat autrement,
Mes suffri prendre la cité
Pur lur surfeit e lur pechié.
Seint Johan, ki cest entendi,
6548 Nes vout attendre, mes parti.
Nel fist pas senz autorité
Qu'il s'en parti de la cité.
Bien lui menbrout de Jesu Crist
6552 E des paroles qu'il ja dist:
'Si l'um vus parsiut en cité,
Sëez de partir apresté.
D'une cité fuiez en autre
6556 Pur vus en sauveté miez mettre.'
Ne vout li seinz hoem mes attendre,
Pur cest essample, en Alisandre.
En sun païs fuïr vuleit;
6560 C'iert en Cypre dunt nez esteit.
De sun partir prist acheisun   *104^r*
Li prince, ki Nicete out nun,
Que del païs partir s'en vout;
6564 Bien pout estre que poür out.
Entre eus dous iert grant l'amistié
Dunt se furent entrealïé:
L'amur aveient bien guardé
6568 Puis qu'il se furent acordé.
Quant li prince fud cert de l'eire,
E quel part li seinz hoem vout traire,
E que sun purpos tel esteit
6572 Que vers Cypre muver vuleit,
Amïablement le requist,
E mult de bone fei lui dist:
    'Si vers vus grace puis truver

6576   Tant que de rien peusse espleiter,
       Ne vus ennuit, ceo vus requier,
       De vus a Rume travaillier:
       N'irrez pas sul, od vus irrai
6580   E desque la vus cunduirrai.
       As emperurs venez parler;
       Bien vus i devez acuinter;
       Bien devez aler cele part
6584   E Deu requerre qu'il les guart.
       Mult lur vaudrat vostre prëere:
       Ne vus devez estrange faire.'
          Ceo que li prince le requist
6588   Mult grant amur faire lui fist,
       Kar onurer vout li seint hume
       Par faire le venir a Rume.
       Acuinter vout les emperurs
6592   De la grant bunté de ses murs,
       E que sa fame en fust acreue   *104ᵛ*
       Quant sa persone fust la veue.
          Li patrïarche, ki bien sout
6596   Que li prince tut bien lui vout,
       A sa requeste s'asenti,
       Cum faire deut a sun ami.
       Quant ces persones a ceo furent
6600   Qu'aler a Rume ensemble deurent,
       Ensemble se mistrent en mer
       Quant il se pourent harneschier.
       Bien siglerent tant lungement
6604   Cum il eurent bien portant vent,
       Mes grant tempeste lur survint
       Ki les desturbat e detint.
       La tempeste levat e creut
6608   Tant que la nef enfundrer deut.
       Ceo suffri Deu tant cum lui plout,
       E tost l'amendat quant il vout.
       Li prince out laenz a cele fie
6612   Gentilz baruns en cumpainnie,

     6611 fie *repeated in margin*

Dunt li plus cuinte se dutat
Tant cum la tempeste durat;
Mes, quant Deu plout, cesser la fist
6616   Par seint Johan, ki l'en requist.
E de ceo bien s'en aparceurent
Li prince e ces ki od lui furent,
Kar une nuit iert avenu,
6620   Tant cum la grant tempeste fu,
Qu'il virent venir povre gent
A seint Johan espessement:
Seint Johan envirun curut
6624   Par cele nef, e ces od tut.
Puis virent le seint hume ester   *105^r*
E vers le ciel les meins lever.
La povre gent tut envirun
6628   Od lui furent en ureisun.
Deu requistrent qu'il merci eust
E qu'en tel peril sucurust.
Li prince e ses baruns ceo virent,
6632   Mes ne truis pas si dunc dormirent
U si ceo virent en veillant:
Ne vois de ceo rien estrussant.
        Rode est une idle en cele mer.
6636   La vint la nef pur ariver.
La fist Deu saver al seint hume
Qu'il irreit aillurs que vers Rume.
Par avisïun lui mustrat,
6640   E par message lui mandat,
Que de cest siecle partireit,
Dunt l'avisïun tele esteit:
        Avis lui fud qu'il vit ester
6644   Devant sei cum un bacheler.
Sa beauté ne fud pas petitte:
Ja par hume ne fust descritte.
Un sceptre d'or en sa mein tint,
6648   E dist lui pur quei il vint.

6617 en *inserted above line, with point to mark omission*
6622 esspessement

'Venez,' ceo dist, 'ceo vus cumande
Li rei des reis ki vus demande.'
Li seinz hoem a tant s'esveillat.
6652 Ceo qu'il out veu bien recordat.
Le prince apelat tut errant,
E lui cuneut tut en plurant:
'Sire,' ceo dist, 'vus m'apelastes,
6656 E d'od vus venir me prëastes
Vëer l'emperur terrïen,   *105ᵛ*
Ceo espeir pur onur e pur bien.
Ore est venuz li suverein,
6660 Ki ciel e terre ad en sa mein,
E me sumunt venir a sei,
Dunt rien desdire ne lui dei.'
A ceo dire lui cuneut tut
6664 Del bacheler qui aparut,
Mes al veir dire un angele fu,
Ki de part Deu iert la venu.
   Li prince, quant il cest oï,
6668 Dolenz en fud cum pur ami,
E nepurquant il en fud liez
Par tant qu'il esguardat le miez.
Asez vaut miez a Deu aler
6672 Qu'en ceste vie demurer.
Ne pout li prince faire tant
Que li seinz hoem alast avant.
Ne pout sun eire desturber
6676 Que ne vousist vers Cypre aler.
Quant el ne pout, mult le requist,
Al partir, que lui suvenist
De Deu prëer qu'il le guardast,
6680 E pur les emperurs Deu prëast
Qu'il les guardast e defendist,
Que, quant li prince a eus venist,
Dire aseürement lur peust
6684 Qu'il en remenbrance les eust.

6654 en *inserted above line, with caret*
6668 en *inserted above line, with point to mark omission*
6677 el] nel *with* n *erased*

Li prince le lessat partir
Quant il nel pout mes retenir;
A sun partir mult l'onurat
6688 E fist cum d'hume qu'il amat.

Seint Johan de Rodes parti: *106^r*
Vers l'idle de Cypre tendi.
A l'einz qu'il pout, la terre prist
6692 E vers Amathunte se mist.
Vers cele cité se traeit,
Kar d'Amathunte nez esteit.
Quant venuz iert en sun païs,
6696 La vuleit faire sun devis.
Enche e parchemin fist porter
Pur faire sun devis noter.
De ses serganz i fist venir,
6700 Que pur vëer, que pur oïr,
E cumandat en haste escrire
Ceo qu'il out ja purveu de dire.
Il memes, ki sout la matere,
6704 Ditat l'escrit de tel maniere:
'Jeo, Johan, serf cum de nature
Ki mult est fieble e ki poi dure,
Mes par l'ordre de pruverage
6708 Geté sui hors de cest servage,
E cunquis ai par tant franchise
Que Deus i ad sa grace mise,
Beal sire Deu, mult vus merci
6712 Que ma requeste avez oï.
Requis vus ai de faire tant
Que quant fusse a mun murïant
Avant de [sul] treis mailles n'eusse
6716 Que deviser u duner peusse.
Quant jeo reçui l'arceveschié,
E sacré fui, e mis en sié
En la grant cité d'Alisandre,
6720 Grant aveir truvai a despendre.

6706 e *inserted above line, with caret*

Uit mile livres de fin or,   *106ᵛ*
Senz el, i truvai en tresor.
En sum tut ceo, l'or e l'argent
6724   Que venu m'est de bone gent,
A tant de summe iert amunté
Qu'a peine serreit acunté.
Quant tant me vint e tant truvai
6728   Mun curage ver[s] Deu turnai,
Cum vers celui dunt bien fui cert
Que cel aveir de sun dun iert,
E de lui rendre m'entremis
6732   Ceo que del soen aveie pris.
Rendu lui ai ceo que soen fu
E sui de tut a tant venu
Que feit m'ad Deu ceo qu'en requis:
6736   Sul treis mailles me sunt remis,
E celes memes resunt sues;
Dreiz est que lui seient rendues.
Tost les cumand a Deu livrer.
6740   Ceo que mien n'est ne vuil aver.'
De cel devis tel iert l'escrit.
Nel deit l'um tenir a petit.
Quant a partir petit esteit,
6744   L'essample est grant ki bien le veit.
La fesance bele est e bone,
E bel l'essample en tel persone.
Essample i ad de grant seinté,
6748   Essample grant d'humilité,
Essample de religïun,
Essample de devocïun.
Ne vout cunuistre que fust sue
6752   Chose qu'il eust de Deu receue.
N'en teneit rien cum sun demeine: *107ʳ*
La cunscïence out pure e seine.
De Deu vint tut, de Deu le prist,
6756   E de lui rendre s'entremist.

6730 *after* aveir *is* dunt *lightly crossed out and underlined*
6741 cel] tel   6753 sun] sum

Ne fist pas ceo que plusurs funt,
Ki lur aveir en estui únt
E mettent peine d'amasser
6760   E grant entente de guarder.
Tant le guardent estreitement
Que part n'en unt la povre gent.
Cument que l'aveir cunquis seit,
6764   Sulum reisun e sulum dreit,
U cuntre reisun e a tort,
Tut l'estuient desqu'a la mort,
Sicum od sei porter le deusent,
6768   U de la mort eschaper peussent.
Li seinz hoem, ki vint vers sa fin,
Ne se tint pas en tel chemin.
Il guerpi ceo que rien ne vaut
6772   E ceo alat querant que ne faut.
Il n'ad pas failli qu'il n'eit pris
Ceo que Deus ad as soens pramis,
Kar ceo dit Deu: 'Ki bien m'onure
6776   Onur avrat ki tuz tens dure.'
Il ad cel onur ja receu;
Deu le pramist, e l'ad rendu;
E bien est reisun qu'onur eit;
6780   Tute sa vie honeste esteit,
De bien faire mult se penat,
Tute sa vie ne finat.
D'edefïer mult s'entremist
6784   Hospitaus, mustiers; mult en fist.
As mustiers fist moines venir,   *107ᵛ*
E la les mist pur Deu servir.
As hospitaus fist herbergier
6788   Ces ki d'ostel eurent mestier.
Les malades fist recuillir
E bien eiser, e bel servir.
De s'aumodne mult vesti nuz,
6792   E mult en furent povres peuz.
Mult dunat or e mult argent,
E mult avançat povre gent.
Dreiture od tut ceo mult amat.

6796 Humble se tint e se numat.
Misericorde e verité,
Cuncorde e peis e charité,
E quanqu'il saveit que Deu plout,
6800 De tutes vertuz en sei out.
Les biens qu'il sout dist e enseinnat,
E bon essample a tuz dunat,
E par tant qu'il si granz biens fist,
6804 Dunt tute sa vie entremist,
Ore est en joie, ore est en gloire,
E mult est duce sa memoire.
Ses buntez tant sunt recordees
6808 Que ne poënt estre ublïees.
Seint Pol l'apostle, ki tant sout
Par la grace Deu dunt mult out,
Escrist d'asquanz ki poür n'unt
6812 D'offendre Deu quant il mesfunt,
E mal essample aprés sei lessent,
Cum malveis eirs ki de mal nessent.
'Asquanz,' ceo dist, 'sunt ki pechiez
6816 Tant sunt aperz e depoeplez
Qu'al Deu juïse vunt avant;   *108*^r
De tels i ad ki vunt siwant.'
Les pechiez privez aprés vienent,
6820 E cum l'ariere guarde tienent.
Ces vienent siwant al juïse
Ki la veie unt avant enprise.
E ces avant, e ces aprés
6824 Trop sunt a grief e trop a fes.
Les pechiez ki sunt parisant,
E trop sunt seu, ces vunt avant;
Aprés ceo vienent les privez:
6828 Tuz grievent quant sunt asemblez.
En seint Johan iert le cuntraire,
Ki mult se penat de bien faire.
Bien fist avant. Bien fist aprés.

6800 vertuz] *the final* z *is a correction over an erasure, and* ůtuz
appears in margin   6803 biens] *final* s *added above line*
6804 v. se e.   6816 depoepleez   6824 sunt] funt

6832 Mult fist bien desqu'a sun descés.
Les biens qu'il fist, la gent vëant,
Sun chemin vunt apareillant,
E ceo qu'il fist privëement
6836 Siwant le vient al jugement.
E cel aprés, e cel avant
Deu lui rent tut en un tenant.
Tuz tens se tint en sun dreit curs;
6840 Ne lessat pas, aprés ses jurs,
Mal essample cum malveis eir
Dunt deive surdre repruveir.
E, pur pruver que l'um cert fust
6844 Que tute sa vie a Deu mult ploust,
Par bel miracle mustré fu
Quant l'um le deut mettre en sarcu.
    Quant il aveit l'aume rendue,
6848 E Damnedeu l'aveit receue,
Sicum en dit seinte Escripture —   *108ᵛ*
'Ces ki se tienent en dreiture
Lur aumes des cors a Deu vunt,
6852 Cum celes ki en sa mein sunt' —
Bien se purvirent les amis
U li seint cors deut estre mis.
Numëement, furent a un
6856 Que porté fust a seint Ticun.
Seint Ticun iert en cel païs
En grant onur e de grant pris:
Si cumfessur u martir fu
6860 Ne l'ai uncore oï ne veu.
Tant nepurquant truis e sui cert
Que seint Ticun de Deu bien iert.
Mult fist Deu pur la sue amur
6864 Granz vertuz, dunt l'um iert seür
Que, si sa vie a Deu ne ploust,
Unkes pur lui Deu tant feit n'eust.
Une eglise lui fud levee

6836 uienent   6842 deive *squeezed into line and repeated in margin*
6866 t. f. ne en eust

6868   U sa memoire iert onuree.
A cele eglise furent mis
Les morz evesches del païs.
A cele eglise esteit purveu
6872   Al cors seint Johan un sarcu.
Les sarcuz sunt d'autre maniere
En cel païs qu'en nostre terre:
Les sarcuz de la sunt greinnurs
6876   Pur laenz alüer cors plusurs.
De tels i out a seint Ticun,
U mis esteient cors plus d'un.

    Dous seinz evesches de la terre
6880   Geurent ensemble en une pierre.
De seint Johan purveu esteit   *109ʳ*
Qu'entre ces dous gisir deveit.
Morz furent cil evesche avant,
6884   E geurent la cum en dormant;
En char e os entier i geurent,
Tut vif par semblant, mes morz furent.
De lur seinté grant proeve fu
6888   Le miracle ki fud la veu.
    Quant li seint cors vint a l'eglise,
E feit fud pur lui le servise,
E tut esteit a tant venu
6892   Que li cors fust mis en sarcu,
Les dous cors ki ensemble geurent,
E jurs e anz avant morz furent,
Sicum vif fussent se sevrerent
6896   E vers les pareiz s'abuterent
Pur lieu duner a recuillir
Le cors ki deut entre eus gisir.
Ki bien l'esguarde e bien l'entent
6900   Mult out ci bel enseinnement
De dous prelaz ki lur majur
Recuillirent a tel onur.

6885 En c. e en os   6886 mes] *final* s *inserted above line*
6892 fust] fud *with* st *in tiny letters written above the* d

Les morz le cors mort onurerent,
6904   E reverence lui porterent,
Dunt parut que par bone vie
Furent en bone cumpainnie.
Mes cest miracle, nepurquant,
6908   Mustre que cil iert bien avant
A ki les dous firent l'onur,
Par duner lieu cum a seinnur.
Bien pert qu'il est en grant hautesce
6912   En cele gloire e cele leesce
Que Deu lui ad al ci[e]l duné,   *109ᵛ*
U ses biens lui sunt guerduné.
Ne fud pas feit privëement
6916   Cest miracle vëant poi gent,
Mes tuz le virent, tuz le seurent
Quanqu'a la sepulture furent.
    Cest miracle fud merveillus,
6920   Mes un autre plus glorïus
Avint aprés, dunt bien parut
Que seint Johan pout vers Deu mult.
Ceo cumençat en grant partie
6924   Tant cum li seinz hoem iert en vie,
Mes bel e bien iert achevé
Aprés ceo qu'il fud devïé.

    Mult turne a bien d'oïr bon cunte.
6928   Nez fud seint Johan d'Amathunte,
E la se traist quant murir deut;
La dunt il nasqui murir vout.
    L'avisïun fud ja bien seue,
6932   E par le païs espandue,
De l'angele qu'il a Rode vit,
E de ceo qu'il lui out la dit,
E quel sumunse lui out feit,
6936   Qu'al rei des reis venir deveit.
    Une femme, dunt surt bel cunte,
Manante esteit en Amat[h]unte.
Cele oï parler espessement
6940   De seint Johan entre la gent

Que l'angele Deu sumuns l'aveit:
A sun seinnur venir deveit.
La femme aveit un pechié feit,
6944 Ki mult orrible e laid esteit:
Unches ne pout truver pruveire   *110^r*
De ki s'en peust cumfesse faire.
Mult nepurquant s'en repenti
6948 E, quant de l'hoem seint entendi
Qu'en la cité venuz esteit,
E gueres la ne vivereit,
A ses piez vint tute curante,
6952 E tendrement des uilz plurante:
De bone fei mult le requist
Que cunseil fust que qu'il oïst.
    'Sire,' ceo dist, 'jeo, maleuree
6956 E cheitive, sui encumbree
D'un pechié vilain que feit ai,
Dunt cunseil truver ne me sai.
Tel est qu'hume n'en poet suffrir
6960 Tant que s'oreille le peusse oïr,
E nepurquant de vus me fi
Que Deu me frat par vus merci,
Kar Jesu Crist de ceo vus dit,
6964 Sicum le truvum en escrit,
Que quanqu'en terre lïerez,
E quanque vus deslïerez,
Lïé serrat, u deslïé,
6968 El ciel quant si l'avrez jugié.
Asous serrunt de lur pechiez
Tuit cil qu'asoudre ci vuldrez,
E cil en pechié remandrunt
6972 Ki par vus asous ne serrunt.'
    Quant la femme tant dit aveit,
Li seinz hoem pensif en esteit.
Mult se guardat de semblant faire
6976 Dunt la femme eust puint de cuntraire:
Ne lui vuleit chose respundre   *110^v*

6941 Q. li a.

Dunt trubler la deust e cumfundre.
De rien esmaër ne la vout,
6980 Par quei feist pis que feit n'en out.
Tost avendreit par aventure,
S'il respundist parole dure,
Qu'ele en serreit trop esmae[e]
6984 E partireit desesperee,
Dunt il la peine portereit
Ki cunseillee ne l'avreit,
Tant plus quant ele se fïout
6988 Qu'il de pechié geter la pout.
Li seinz hoem, ki tut ceo purvit,
A ces paroles respundit:
   'Bone femme, si vus crëez
6992 Que ceo si seit cum vus parlez,
E que par mei pardun truissez,
Vostre pechié me cunuissez.'
   La femme respundit: 'Beal sire,
6996 Ne vus puis pas mun pechié dire.
Trop est vilain, trop est mortel;
Unches hume n'oï de tel.
Nel poet oreille d'hume oïr,
7000 Par tant nel vus puis descuvrir.'
   Li seinz hoem a ceo respundit:
'Dunc le mettez en un escrit
Si vus savez lettres escrire,
7004 E feites que jeol peusse lire.'
   'Nel puis,' ceo dist la femme, 'faire,
Kar trop est laide la mateire.'
   Li seinz hoem dunc se purpensat;
7008 Un poi se teut, e puis parlat:
   'Quant de buche nel poëz dire,   *111*ʳ
Ne faire saver par escrire,
Nel poëz mettre en une escroe,
7012 Que nuls nel veie e nuls ne l'oe,
E puis l'escroe ensëeler

6980 en] *a letter after the* n *largely erased and the remnant deleted by superscript point*   6992 si] issi
7004 que *inserted above line*

E tute enclose al seel porter?'
Dist la femme: 'Ceo puis jeo faire,
7016   Si lëalment vus en puis creire
Que l'escroe ne seit uverte
E ma priveté descuverte.'
Seint Johan asez lui pramist,
7020   E d'acerter la s'entremist
Que descuverte ne serreit,
Si ceo lui feist que dit aveit.
Cele se tint bien a sun dit.
7024   Par tant alat e fist l'escrit.
Sun pechié, tel cum ele le fist,
En une escroe tut escrist.
En plum l'escrit ensëellat;
7028   A seint Johan clos le baillat.
Puis que seint Johan le receut
Sul cinc jurz vesqui, puis murut,
Senz ceo que rien eust feit u dit,
7032   U de la femme u de l'escrit.
Ne sai si c'iert par aventure,
U Deu l'out purveu, qu'a cele ure
Que li seinz hoem l'aume rendi
7036   E de cest siecle s'en parti,
La femme ale[e] aillurs esteit,
E de sa mort rien ne saveit,
E tant lunges demurat fors
7040   Que ne pout neis venir al cors.
Ele ne pout tant tost acurre   *111ᵛ*
Que venist a l[a] sepulture.
Grant, nepurquant, semblant esteit
7044   Que Damnedeu purveu l'aveit,
De la femme, qu'a cele fie
De la cité s'en fust partie
E que li seinz hoem devïast
7048   Einz qu'ele guarde s'en dunast,
Pur miez mustrer que mult unt lieu

7015 ieo *inserted above line, with caret*
7037 *erroneous coloured capital* L *over one-line start, with* .l. *in margin*

Ses bones prëeres vers Deu.
   Le jur aprés la sepulture,
7052   Quant li morz aveit sa dreiture,
La femme a l'ostel repeirat
E, quant seint Johan mort truvat,
Sur tute rien pensive fu
7056   Que sun escrit fust devenu.
Ele n'en sout rien el penser
Mes que mis fust a nunchaler,
E que, par estre degeté
7060   Par aventure e retruvé,
Par aucun hume fust uvert,
Dunt sun pechié fust descuvert.
A desmesure esteit trublee
7064   Que de l'escrit n'iert acertee.
De grant bien nepurquant lui vint
Qu'en cele memes fei se tint
Vers seint Johan ki mort esteit
7068   Qu'ele out vers lui quant il viveit.
Grant fïance out qu'il iert en vie,
Tut fust l'aume del cors partie.
Espeir out qu'il lui freit cumfort,
7072   Tut fust il quant al siecle mort.
En l'esperance qu'ele aveit   *112ʳ*
Que li seinz hoem sucurs lui freit,
A sa tumbe curante vint;
7076   Entre ses bras la prist e tint,
E vers le mort sa pleinte fist
Sicum il fust en vie, e dist:
   'Sire, ami Deu, dire ne poi
7080   Mun pechié, kar trop laid le soi;
Unkes ne l'osai descuvrir,
Quant trop orrible est neis d'oïr.
Close me tinc, e bien m'en tui
7084   Desque vostre cunseil en crui,
E fis, par vostre loëment,
Dunt tuz le seivent, si devient.
Miez vuldreie qu'en feusse tue,
7088   E que ne feusse a vus venue.

Allas, allas, tant sui hunie,
Tant sui cumfuse e malbaillie!
De vus quis absolucïun,
7092   Mes trop truis de cumfusïun;
Medcine quis, ne l'ai truvee;
Remise sui descunseillee.
Quel mestier oi d'a vus aler,
7096   E de vus cunseil demander?
Mes nepurquant, uncore a l'ure
Me fi que me porrez sucure:
Tut tens me tienc en cele fei;
7100   Ne la lerrai partir de mei.
A vostre tumbe demurrai;
Tut tens en lermes i serrai.
N'en partirai, que feit n'eiez
7104   De ma demande mun asez.
N'estes pas mort, mes estes vifs,   *112ᵛ*
E de sucurre poëstifs.
Issi le truvum en escrit,
7108   Que li prud hoem a tuz tens vit.'
        La femme asez suvent diseit
Ces paroles e reherceit,
Mes la summe de sa requeste,
7112   U sun queor plus se treist, iert ceste:
        'Chier ami Deu, ne vus demand
Fors qu'acertee seie en tant
Que cel escrit seit devenu
7116   Que de ma mein avez receu.
Bien me suffist si tant i eit
Que ne perdu n'uvert ne seit.'
        Deu, ki dist a la Chananee,
7120   'Par vostre fei estes sauvee,'
Ceste femme tut ensement
Reguardat bien a sun talent.
Treis jurs adés la demurat;
7124   Unkes de plurer ne finat;
Senz beivre i fud, e senz mangier,

7099 tient   7103 en *inserted above line, with caret*

E senz semblant qu'en eust mestier.
Ne pensat si de l'escrit nun;
7128   Mult recordat cele leçun.
De ceo fud tute sa mateire
E la descendi sa prëere.
     Aprés tierz jur, quant requis out
7132   Quanqu'entur cest requerre sout,
E tut tens l'escrit regreté,
A seint Johan en prist pitié.
Il cumfortat la duluruse,
7136   E fist feisance merveilluse.
L'um poet ci grant merveille oïr,   *113ʳ*
Kar la femme le vit eissir
Visiblement hors del sarcu
7140   En tel furme cum quant vif fu.
E li evesche, a veue, ambdui
S'en eissirent ensemble od lui:
Sicum i geurent, si leverent;
7144   Tut si seint Johan acosterent.
Seint Johan, ki enmi estut,
Memes l'escrit en sa mein out
Que la femme lui out baillé
7148   Tut clos e tut ensëelé.
La femme a tant a reisun mist
Que ceo deveit que tel doel fist.
     'Bone femme,' ceo dist, 'que deit
7152   Que tel ennui nus avez feit?
Que deit que vus tant m'anguissez,
E que reposer ne suffrez
Ces dous eveskes ki ci sunt?
7156   Voz lermes grant ennui nus funt.
Noz estoles avez muillees
Par les lermes qu'avez lessees.'
L'escrit qu'il tint dunt lui tendi,
7160   Tut clos, e dist lui: 'Pernez ci.
Vëez si vus cest cuneuissez:

7131 iurẓ   7136 mermeilluse   7141 amdui *but in margin* ambdui
7154 ne me suffrez

Vus l'enseelastes, vus l'uvrez.'
　　Quant ele aveit receu l'escrit,
7164　Memes l'ure de tuz treis vit
Qu'el sepulcre dunt eissu furent
Se mistrent, e mes n'i resturent.
La femme, quant cest aveit veu,
7168　De grant maniere heitee en fu;
Ele en devint cum esperdue　　　　　　*113ᵛ*
Mes, quant a sei fud revenue,
Le seel avisat, e cuneut
7172　Que c'iert cil memes que feit out.
Entier esteit, mes ele l'uvri.
Le parchemin del seel parti,
Mes quant l'escroe out despleiee,
7176　Tute la truvat esfacee;
Quanqu'ele memes escrit out
Osté fud tut, rien n'en parut.
Un autre escrit desuz i vit,
7180　Nient de sa main mes d'autre escrit,
Que mult lui plout, mult l'esleesçat.
L'escrit iert tels qu'ele i truvat:
　　'Tut vus est vostre grant pechié
7184　Par mun serf Johan releissié.'
　　Ki poet tut cunter la feisance
Que Deu mustre par sa puissance?
Ki poet tut dire e tut parler
7188　De Deu, cument il deinne uvrer?
La grant amur qu'il mustre a hume
Ne porreit estre mise en summe;
Tant l'ad cheri, tant l'ad amé,
7192　Que mult feit de sa volenté;
Mes ces ki l'æiment, nepurquant,
E ki lui sunt obeïsant,
E l'onurent cum lur seinnur
7196　En bone fei e bone amur,
Il les onure e cherist plus,
E feit estre plus glorïus

7166 ne i aresturent   7182 Li e.   7195 lur *added above line*

Par miracles e vertuz granz,
7200   Cum ces ki sunt ses bienvuillanz.
Pur seint Johan fist vertuz Deu,   *114ʳ*
Nient sulement en sul cel lieu
U sun cors iert en sarcu mis,
7204   Dunt l'aume est mise en paraïs,
Mes asez bel aillurs mustrat
Par beaus miracles qu'il l'amat.

        Un moine ki Savin out nun,
7208   Alosé de religïun,
En Alisandre esteit manant;
Test[i]moine i out bon e grant.
Quant seint Johan vint a sa fin
7212   En Alisandre esteit Savin.
Seint Johan a Cypre murut;
Savin a l'ure bien le sout.
Une avisïun vit a l'ure,
7216   Par quei il sout de l'aventure.
Seür en fud, e bien diseit,
Que li seinz hoem ja morz esteit.
L'avisïun que Savin vit
7220   De tel maniere iert, a sun dit:
        De seint Johan lui fud avis,
Le jur qu'il iert e morz e vifs,
Qu'il parti de sun eveschié,
7224   E qu'od lui parti sun clergié.
Seint Johan tint un cirge ardant;
Un bacheler alat avant,
Ki venuz iert cum sumunur
7228   E chamberleng a l'emperur.
Par la sumuns[e] que cil fist
Cuvint que seint Johan venist;
A l'emperur venir deveit,
7232   Kar la sumunse tele esteit.
Quant li seinz hoem s'en fud esmeu,   *114ᵛ*
E de la porte esteit eissu,

7223 de *inserted above line*   7232 la *inserted above line*

Preste i estut une pucele,
7236 Plus que soleil e clere e bele:
Une curune tint d'olive.
Tele ne vit hume ki vive.
Cele ki tant iert avenante
7240 Alat seint Johan encuntrante,
E par la main seint Johan prist,
Puis la curune el chief lui mist;
Vers l'emperur se mist avant,
7244 Seint Johan tint ki vint siwant.
    Savin, par tant que cest out veu,
De seint Johan sout que morz fu.
Le jur e l'ure a tuz diseit;
7248 Bien fud puis seu que veir esteit.
Genz ki de Cypre puis veneient
Que morz esteit pur veir diseient,
E qu'a cel jur vint a sa fin,
7252 Memes l'ure dunt dist Savin.
    Ki cest rumanz ad bien oï,
Senz ceo qu'il eit mis en ubli
De seint Johan quant iert mananz,
7256 Vadlet, en Cipre de quinze ans,
De la pucele qu'il la vit
Nuitante ester devant sun lit,
Ki d'olive out el chief curune,
7260 Bien verrat cument se cundune
E l'une e l'autre avisïun,
Senz mult mettre espositïun.
    La pucele iert Misericorde
7264 Dunt tut l'afaire bien s'acorde,
Pur la curune qu'ele aveit
E ki d'olive feite esteit.
De la curune iert curunee
7268 Quant a seint Johan s'iert mustree.
Seint Johan puis en curunat,
Sulum ceo que Savin cuntat.
A seint Johan offri s'amur
7272 E de mener le a l'emperur.
    Savin vit qu'ele l'encuntrat

115^r

E qu'a l'emperur l'en menat.
A Rode vint un bacheler
7276   A seint Johan cum messagier.
Seint Johan sumunst e lui dist
De part l'emperur qu'il venist.
E Savin vit le bacheler
7280   Cum bon guïur avant aler,
Pur seint Johan mettre en chemin,
Quant il fud venuz a sa fin.
L'eveschié dunt il eissi fors,
7284   E la porte, c'esteit sun cors,
Dunt l'aume a l'ure s'en eissi
Quant l'un de [l']autre s'en parti.
Misericorde out cum s'amie,
7288   Qu'il mult amat tute sa vie;
Ele lui rendi bien l'amur
Quant le cunduist a l'emperur.
Emperiere n'est autre nul
7292   Ki tuz tens vive, fors un sul —
C'est un sul Deu, ki senz duter
A tuz rend sulum lur luïer.

[A]sez ad proeves e reisuns,
7296   Mustrees par avisïuns,
Qu'il ad Deu cunquis e sun regne   *115ᵛ*
Par misericorde e aumodne.
La nuit memes que Savin vit
7300   L'avisïun dunt avum dit,
Un autre prud hoem resaveit
De seint Johan que morz esteit.
Ne truis sun nun, mes manant fu
7304   En Alisandre, e bien cuneu.
Cil de sa mort e del jur dist
Avant que nuvele venist.
Par une avisïun le sout

7295 *large cap. over two line-starts intended but overlooked by rubri-
cator, despite* .a. *in margin*   7298 e par a.
7303 fu *written over erasure and repeated in margin*
7306 que la nuuele v.

7308   De povres genz, dunt mult veu out,
        Que de vedves, que d'orphenins,
        Que d'estranges, que de veisins,
        Que d'autres povres ki veneient,
7312   E reims d'olive es puinz teneient.
        Devant seint Johan s'asemblerent,
        E vers l'eglise tuz alerent.
           Cil ki vit cele avisïun,
7316   Cum de bele processïun
        Numëement de povre gent,
        De seint Johan sout erranment
        Que de cest siecle esteit parti,
7320   Kar par les povres l'entendi,
        Ki sun obseque feit lui eurent,
        Par tant assemblé la se furent;
        E de misericorde vint
7324   Que chescun reim d'olive tint.

           Avisïuns furent mustrees
        Mult autres, que ci n'ai cuntees,
        De seint Johan, dunt mustrat Deus
7328   Par autres genz que par ces dous,   *116ʳ*
        Nient par dis, u par vint, u cent,
        Mes par asez plus, e suvent,
        Qu'il iert prud hoem, e mult lui plout
7332   Le bien qu'en sa vie feit out,
        E pur sa grant seinté l'ad mis
        Entre ses seinz en paraïs.
           Mult ad choses ki proeve en funt,
7336   Mes en escrit mises ne sunt.
        Tant cum j'en truis, tant en dirrai,
        Senz el mettre dunt guarant n'ai.

           Deus mustrat pur lui grant vertu
7340   Lung tens aprés ceo qu'il morz fu,
        Kar une liquur s'esbuilli
        De sun sepulcre, ki guari

    7312 oliues

Les malades ki la veneient,
7344 Quant de la liquur uïnt esteient.
Le miracle de la liquur
Avint un bien festival jur,
Vëant grant gent, e c'iert par nun
7348 Jur de la feste seint Tichun.
En l'eglise cel Deu ami
Fud seint Johan enseveli.
Tuit cil ki cest miracle virent
7352 De grant maniere joie en firent.
Deu loërent tuz en cummune,
Ki ses fideilz bien gueredune.

En Cipre out seinz plusurs de tels,
7356 Pur ki granz vertuz feseit Deus.
De lur tumbes, numëement,
Tel liquur fist eissir suvent
En guise d'ewe de funteine,
7360 Ki surt de bone e vive veine,
Dunt bien parut qu'ami Deu furent   *116ᵛ*
Quant ceo vers lui deservi eurent.
Tels vertuz fist Deus en sa gloire
7364 Pur mettre ses seinz en memoire,
Pur faire que genz les amassent
E reverence lur portassent;
E pur ces ki aprés vendrunt,
7368 Quant tel chose orrunt u verrunt,
Essample prengent de bien faire
E se peinent de mal retraire,
Que, quant vendrat al luier prendre,
7372 Deu ki tut set a reisun rendre
Honur lur face, e tant lur rende
Dunt rendu lur servise entende,
Kar il sul set quel gueredun
7376 Chescun deit prendre par reisun.

Ki cest rumanz oï avum,
De Deu servir mult nus penum.

7360 bone] boue(?) (*see note*)

De seint Johan pensum adés;
7380 Ses diz, ses feiz, mettum en oes.
Essample i truvum de bien faire;
Bien le devum oïr e creire.
Dunum del nostre largement
7384 Pur Deu amur a povre gent,
Sulum ceo que Deu l'ad presté.
E bien suffist la volenté:
Si nus el n'avum que duner,
7388 La volenté nus poet sauver;
Par ceo duner quant n'avum el,
Tresor nus poüm faire el ciel.
Seint Pol l'apostle dit nus ad,
7392 Sulum ceo que Deu l'enspirat,   *117ʳ*
Que cil ki seme escharsement,
Quant vient la messun poi en prent,
E cil ki seme en beneiçun
7396 Granment en cuilt en la messun;
Ki seme bien e largement
De la messun grant bien attent.
Tut par memes si nus dunum
7400 Pur Deu de ceo que nus avum,
Nostre luier nus iert rendu.
Tel n'ad pas oil d'hume ci veu,
Ne l'ad oreille d'hume oï,
7404 Neis queor d'hume ne l'entent ci.
Rendu nus serrat luier tel:
Pardurable pur temporel,
Pur ceo que faut e treit a nient,
7408 Ceo que se tient, e fin ne prent.
Ceo ad pramis Deus a ces ki l'æiment
E ki de bon queor le recleiment.
    Deu ki tut set e ki tut poet
7412 E de ki grace tut bien moet,
Pere, e Fiz, e Seint Espirit,
A ceo cunquerre nus aït,
E duinst qu'od lui peussum joïr

7385 le *inserted above line*   7391 li a.

7416 El regnne ki ne poet finir.

Einz que jeo cest rumanz parfine,
E m'entremette d'autre uvraine,
Un poi vuil dire d'un sergant
7420 E dunt il servi sun vivant.
Il servi seint Johan sa vie,
E reisun est que de lui die,
Kar par le sergant fud mult seu
7424 De quel valur sis sires fu.
De lui vint mult e de sun feit   *117ᵛ*
Que ceste vie escritte esteit.
Li patrïarche out dous amis
7428 En ki cunseil mult se fud mis.
Cil escristrent mult de sa vie,
E mult lesserent grant partie.
C'iert Johan e Sofronïus.
7432 N'avum pas lur escrit vers nus.
Quanque nus truvum tut lesserent:
Bien poet estre qu'il l'ublïerent
U, si devient, que veu ne l'eurent
7436 E meinz seür par tant en furent;
Par tant estoet que jeo ci die
Dunt vint l'escrit de ceste vie.

De Cypre vint en Alisandre
7440 Uns bons eveskes, pur descendre
A seint Johan e a seint Cyr:
Ambdui sunt precïus martir.
La vint par grant devocïun;
7444 Leontïus esteit sun nun.
En Cypre esteit sun eveschié,
E Neaples iert chief de sun sié.
Venuz fud la cum pelerin.
7448 Bel l'acuillirent li veisin,
E cum estrange l'apelerent;
A lur usage l'onurerent.

7418 uueraine   7441 Johani

Quant li eveske out demuré
7452 As seinz martirs, e bien uré,
Entre la bone gent se mist;
Od eus parlat, od eus s'asist.
Des seinz martirs parlat od eus,
7456 Des vertuz que pur eus fist Deus;
E d'Escritures i treiterent —   *118ʳ*
Bien subtilment en desputerent —
E de la salu de lur aumes
7460 Asez i parlerent par memes.
Atant survint un pelerin;
Par la, ceo quid, jeut sun chemin.
En Perse, a sun dit, out esté,
7464 U mis iert en cheitiveté.
Sicum Deu vout, eschapé fu,
E la par fuite esteit venu.
La gent qu'il truvat mult requist
7468 Qu'aucuns d'eus pur Deu bien lui feist,
Mes tele esteit dunc l'aventure
Que neis un sul d'eus n'out a l'ure
En burse maille ne denier
7472 Qu'al pelerin peussent duner.
Entre la gent uns hoem esteit,
E cil un soen sergant aveit.
De terme en autre esteit luïz.
7476 Sa femme espuse out, e dous fiz.
Sul treis deniers par an perneit;
Ne sai de quel metal c'esteit;
Ne truis que c'iert or u argent,
7480 Ne jeo el n'en di, quant ne l'entend;
Mes par semblant cele soudee
Petitte iert, quant a sa meidnee.
Cil sergant s'asist simplement,
7484 Senz mult parler, entre la gent.
Cil, quant del povre s'aparceut
Que senz bien prendre partir deut,

7452 As] Al   7459 anmes(?)   7470 ne out *repeated in margin*
7477 ꝑeneit

Del lieu u s'iert asis levat,
7488 E cunsiwant le povre alat.
De quanqu'il sout mult se gardat   *118ᵛ*
Que nuls ne seust ceo qu'il pensat.
Une cruiz d'argent out od sei;
7492 Portee l'out ne sai purquei,
Fors qu'il iert paumier, si devient;
Par tant portat la cruiz d'argent.
Al pelerin la cruiz dunat,
7496 E que n'en parlast le prëat.
El n'out a l'ure que duner.
Cel petit preist senz mot suner.
Sul li evesche s'aparceut;
7500 Guarde en out pris, e survit tut.
La grace Deu fud que veu l'out,
E la fesance mult lui plout.
Pres de l'evesche sist uns hoem
7504 Ki de l'eglise esteit visdoem.
Prud hoem esteit, Mennas out nun,
Mult preisé de religïun.
A lui parlat l'evesche e dist,
7508 Par tant que decoste lui sist,
Ceo dunt il s'esteit aparceu
E celui mustrat dunt l'out veu.
Mennas ki cuneut le sergant
7512 Ne së esmerveillat pas tant
Cum fist l'evesche, ki ne sout
Fors sul tant cum il veu la out,
E par ceo respundi Mennas:
7516 'Ne vus en [es]merveillez pas,
Kar ceo qu'il feit de bien lui vient,
E mult feit bien quant il s'i tient.'
Dunc dist l'evesche: 'Mult m'iert bel
7520 D'oïr par vus si il eit el.
Jeo vus requier, ne me celez.   *119ʳ*
Dittes, pur Deu, ceo qu'en savez
De cel hume; par charité

7513 & 7519 li e.

7524   Me cunuissez la verité.'
     Atant dist Mennas: 'Cist sergant
    Entur seint Johan iert manant.
    Li patrïarche mult l'amat,
7528   Kar sa maniere mult preisat.
    Lëaus iert mult, e bien feseit
    Quanque sun seinnur lui diseit.
    De tut le tens qu'il lui servi
7532   Les biens ne mist pas en ubli
    Que sun seinnur lui fist e dist,
    Mes bonement en oes le mist.
    Il fist de memes la maniere
7536   Que bon fiz feit a sun bon pere.
    Seint Johan ki tel l'entendi,
    Cum s'il fust sun fiz le cheri
    E lui dist: "Humble Zacharie,
7540   Guardez que tute vostre vie
    Seit en aumodne, e que tut tens
    A ceo mettez vostre purpens.
    Grant chose est [de] misericorde;
7544   Bien feit ki suvent ceo recorde.
    Crëez ceo que jeo vus dirrai,
    En la fieblesce que j'en mei ai,
    Que si vus en ceo vus tenez,
7548   Esquis de bien ja ne serrez.
    Si vus sëez misericors,
    Dedenz bien avrez, e defors;
    Deu serrat od vus, tut adés,
7552   Tute ma vie e pu[i]s aprés."   *119ᵛ*
     Ceo ad bien entendu Zacharie,
    E bien l'ad guardé puis sa vie;
    Bien le guarde neis al jur d'ui,
7556   Kar nuls ne part senz bien de lui;
    Tant cum il l'ad, ki vient avant
    Enporte ceo qu'il veit querant.
    De tutes pars tut bien lui vient,

7525 mennças
7553 *large cap.* C *written over a partially erased ordinary majuscule*
7559 tutes] *final* s *added above line*

7560   Mes a sun oes rien ne retient.
          Tut quanqu'il ad met en cumune
          E largement a tuz le dune.
          Sun ostel pur poi met a nient
7564   Par ceo qu'il tant dune e despent;
          Sun ostel est de bien esquis,
          En povres ad quanqu'il out mis;
          Asez suvent, quant il ad tant
7568   Que mult i ad cum par semblant,
          Quant aukes ad de remanant,
          Dunc dit a Deu cum en jüant:
          "Issint, issint, asez parrat
7572   Al lung aler li quels veintrat,
          Vus de duner, u jeo de prendre
          E d'erranment trestut despendre.
          Sire, bien pert que mananz estes;
7576   Voz aeïes sunt tuz tens prestes;
          Vus nus truvez tuz tens asez
          Dunt nostre vie sustenez."
             Suvent avient que cist n'ad rien
7580   Dunt peusse a povres faire bien.
          Quant l'um demande, e ne l'ad prest,
          De grant maniere dolenz est.
          Dunt vait aillurs querre deniers
7584   A marchanz u a taverniers.
          A ces vait offrir sun servise;   *120^r*
          Ne sait faire autre marchandise.
          A tels genz dit: "Dunez me[i] tant,
7588   E jeo serrai vostre sergant;
          Un meis u dous od vus serrai,
          E par mun cors vus servirai;
          Quel part que vus cumanderez
7592   Vus servirai: tant me dunez.
          La meidnee de mun ostel
          Esquise est mult de pain e d'el.
          Ne puis pas suffrir lur destresce,

7573 v ieo despͬendre   7587 gent *with* t *changed to* z
7594 mlt *inserted above line, with accent to mark omission*

7596 Qu'esquis seient par ma peresce."
A ceo dire, lur nume tant
Cum duner veut al demandant.
Quant tant ad feit qu'il ad cunquis
7600 Ceo dunt des einz esteit e[s]quis,
Celui en pae tut errant
Ki requis l'ad, s'il attent tant;
E quant la chose al povre dune
7604 Mult le requiert que mot ne sune.
Sun vuel, ja rien n'en seussent gent;
Par tant le feit privëement.'
  Cest dist Mennas de Zacharie,
7608 E plus, ceo crei, que jeo n'en die,
Kar tant [en] dist e tant cuntat
Dunt l'evesche s'esmerveillat;
E quant Mennas s'iert aparceu
7612 Qu'a merveille l'aveit tenu,
'Tut el,' ceo dist, 'en dirïez,
Si veu le patrïarche eussez.'
  Dunc dist l'evesche: 'E ki serreit
7616 Ki de tel chose plus dirreit?   *120^v*
Ki porreit oïr u vëer
Avant de cest, u plus cunter?'
  Dunc dist Mennas: 'Bien devez creire
7620 Ceo que jeo di, cum a pruveire.
Seint Johan pruveire me fist;
En s'esglise visdoin me mist;
En sa vie sun privé fui,
7624 E d'asez choses m'aparceui
Ki par semblant passent nature,
Quant ne s'aüse u ne s'adure.
E si vus plest od mei turner
7628 Tant qu'od mei viengez herbergier,
Ceo que jeo vi vus cunterai;
De rien a escient n'i mentirai.'
  Atant levat l'evesche sus,

7610 li e.   7613 dirrez   7615 li e.
7625 Ki] Kai *with* a *partially erased*   7631 li e.

7632 Cum cil ki mult fud desirus
Que Mennas feist ceo qu'il pramist,
E pur lui lever sa main prist.
Mennas mult bel le recuilli
7636 Quant par la main l'aveit saisi;
Il le menat a sun ostel;
La le receut e bien e bel.
Tables i vout mettre chaudpas,
7640 Mes l'evesche nel suffri pas.
    'Hastif,' ceo dist, 'ne devum estre,
Ne trop pensif de noz cors pestre,
Par quei l'aume seit mise ariere,
7644 Ki deit par dreit estre premiere.
Dunc iert la chose bien purveue,
Si l'aume seit avantmein peue;
Vïande a l'aume avant mangum,
7648 Puis pur le cors nus asseüm.'
    Quan il ceo dist, remist atant   *121ʳ*
Que l'um ne mist tables avant,
Mes Mennas memes l'ure enprist
7652 De lui cunter ceo qu'il pramist.
Al plus bel e al miez qu'il pout,
De seint Johan dist ceo qu'il sout.
Mult mist sa peine de bien dire,
7656 E cumençat de tel maniere:
    'Seint Johan tut tens se guardat,
En ceo qu'il unches ne jurat;
Bien nepurquant le pout l'um creire
7660 En ceo qu'il dist senz serment faire.'
    Quant li evesche tant oï,
Ne vout que mis fust en ubli
Quanque Mennas enprist a dirre;
7664 E li evesche enprist d'escrire.
Enke mandat e parchemin,
E tant escrist qu'en vint a fin,
E jeo cest rumanz finerai,
7668 Quant tut escrit e mis i ai

7634 preist   7640 li e.

Quanqu'en poi truver en latin.
Par tant faz ci del rumanz fin.

Beneit seit Deu sur tute rien,
7672   Cumencement e fin de bien,
Ki tant d'espace m'ad duné
Que mun desir ai achevé;
E seint Johan reseit beneit,
7676   De ki jeo cest rumanz ai feit,
Ki m'ad aidé d'a chief venir
De ceo que mult oi en desir:
C'iert de sa vie rumancer
7680   Que genz en peussent profiter.
Asez seit Deu pur quei le fis,   *121ᵛ*
Que de cest rumanz m'entremis,
E seint Johan asez le seit,
7684   Ki mun curage aprés Deu veit.
Mes gueredun autre ne quier
Pur mun travail, n'autre luier,
Fors que jeo seie en cumpainnie
7688   Od seint Johan en l'autre vie.
Mes n'ai la grace deservie
Que ma requeste seit oïe
Par rien que face a Deu u die.
7692   Mestier m'est, par tant, que jeo prie
Seint Johan qu'il ne me lest mie,
Quant mestier avrai, senz aïe.

Seint Johan, si pleisir vus est,
7696   Mustrez si mun travail vus plest.
En ceo me rendez mun servise,
Qu'eschaper peusse del juïse,
U la vengance serrat prise
7700   De quanque feit iert cuntre assise.
Si dunc me feites guarantise,
Bien m'avrez rendu mun servise.

7682 cest *inserted above line, with point to mark omission*